U0017212

断片的なものの社会学

片斷人間

貓、酒店公關與乘夜行巴士私奔的女子，
關於孤獨與相遇的社會學

Kishi Masahiko
岸 政彥

李璦祺——譯

目次

推薦序1

即使是人生路途中撿拾的小石子，也是獨一無二的

阿潑　人類學家、作家

我碩士論文的研究主題是「難孕」（Infertility）。難孕和「不孕」的差別，在於後者因為缺乏子宮等明確原因，而篤定無法生育，但前者不然。有許許多多婦女之所以「肚皮沒有消息」，無非得到一些影響受孕的婦科疾病，但也有一部份原因不明。他們都沒有被「判死刑」，只是「緩刑」，卻已是困在面對自我認同、家庭壓力、面對社會輿論、面對傳統文化的煎熬中，痛苦萬分。

進行訪談前，我整天泡在「不孕社團」看著發文者陳述，只能想像研究主體的感受。

但無論如何想像，對一個年輕未婚且持獨立自主女性主義姿態的研究生而言，這個題目理應充斥著傅柯（Michel Foucault）、史翠山（Marilyn Strathern）的理論架構與宏觀高度，而我也確實被文獻與論述淹沒，以致於「想像背後的現實」距離我太遠，甚至不確定為何要訪談，而訪談可以做些什麼。儘管我讀的是人類學，但在沈重且大量的閱讀後，我卻對進田野感到懷疑且畏懼。

在讀碩士班前，我已當過三年記者，加上新聞系的經歷，對於「訪談」可以達到的成果或限制，已有些心得。但採訪是採訪，研究是研究，訪談如何與學術研究、結構鑲嵌這個問題，比想像受訪者的痛苦更難，況且，要去探索一個陌生人的深層想法，宛如「侵入」，我內心也很是抗拒。

受訪者不容易找，我在親友協助下，完成了十數個案例的訪談。他們的身份背景不一，不同省籍、信仰、學歷、階級、出生地等等，唯一的共同點就是「難孕」，並且一直要回應親友「為何自己是個生不出雞蛋的母雞」。他們在接受訪談時，操持不同語言，使用不同的聲腔，帶著不同的姿態，有人以信仰論之，有人暢談知識語言，有人專注描述醫學技術細節，有人只有哀傷，但無一不想透過自己的陳述（narrative）、話語（discourse）來回應所謂傳統、所謂文化、所謂社會、所謂國家對他們的「否定」，並與之對抗——畢竟，即使是一位成績優越、當上醫師的成功女性，若無法生育，即是「殘缺」，在某種社會價值上她就是「失敗」的，而她必須說明與解釋。

我還記得這個醫生咬字清晰的思辯，記得訪談時陽光打在她身上，而她宛若得到能量一般的，以話語為矛的攻擊姿態，只是面對著的是一個看不見的風車；我也記得一個婦女坐在沙發上的訪談，神桌上有燈亮著，講到哀傷處旋即以「這就是命啊不然要怎樣」的強硬語氣為自己的困頓脫身；也有人在臥室的暗裡幽緩說著自己因此離婚的經歷，語氣沒有起伏，也沒有反擊的說詞或振作的理由，彷彿人生就此停頓……

但除了逐字稿裡「有意義」的內容外，那些讓我產生感受，並在心裡細細回應，之後也無法忘記的燈光、氣味、場景，與心裡無聲的哀鳴等等，沒有任何一件事可以寫進我的論文裡，因為那既無法回答問題意識，沒有理論可支撐，更非學術語言。但那可能是他們這一輩子難得一次可以好好整理梳理這個經驗感受的一次，而這些訪談也在那個時候（或許之後領養、再婚或試管成功）、因為面對我的研究、或因為像我媽媽這樣極富同理心的婦女恰好在旁，所生成的獨一無二的一次訪談也說不定。而許多感觸，細節沒有記下，就沒有機會再現。

這是我第一次感受到「訪談」這件事，有許許多多溢出，而這些「溢出」無法被安置在應當產出的文稿（報導或論文）裡，卻有其他價值——且不說，人文學科或專題報導會面對的，通常不是「普通」、「正常」或「大眾」的議題或群體，多半是值得花力氣認識的「他者」或「異文化」，又因為是不在日常經驗裡的「他者」或「異文化」，因此會激起更多思考與感觸。每個故事或每個見聞，遂有他值得記錄反思的「一期一會」，那是專屬於自己與受訪者，或某個時刻的。日後，我總會在社群網站或筆記裡，記下這一些細節，而且設法以社群網站或散文短篇的方式記下——如果沒有人說，怎知道有一棵樹倒下？

「我一方面分析那些談話內容，儘量讓我做的調查能歸類在『社會學』的學問範疇中，另一方面，也盡可能地珍視那些，被排除在我的詮釋之外的談話與插曲。不，倒不如說真正令人印象深刻的談話或插曲，反而經常存在於，被我狹隘的理論與理解排除在外的部分。」日本社會學者岸政彥在《片斷人間》緒論中說，自己很受那些發生在眼前的細枝末節本身「無意義性」影響。這顯然更有趣。如同他說的，雖然他的工作是透過社會學的理論框架，分析統計數據或歷史資料，但他真正喜歡的，「是那些無法分析的事物，是那些單純存在的事物，更是那些暴露在陽光下並逐漸被遺忘的事物。」

因此，我可以理解岸政彥先生何以在自己的研究專注之外，還要寫這麼一本田野之外、理論無法分析且散落在故事之外「斷簡殘篇」的書，而這些反思與採訪過程中的經歷，確實讓人很有感觸與共鳴——例如，岸政彥撿拾石頭的習慣，我也曾經在每個災區現場做過。每到災區，除了拍攝許多遺留物，想像這些物品主人的經歷與故事，我也會撿拾石頭，想像他在這塊土地上的見證，想像它承載的歷史。

這是一篇訴說自己經驗的推薦文，因為這本看似隨筆、短札的書，帶著社會學的意識，也有田野的紀錄思考，故事的訴說，心理與哲學的探索，人際關係與社會偏見的顛覆，乃至於生命意義的扣問，最後落於「生而孤獨」的輕嘆。在每次路途中，我都會取出書稿閱讀，但太多漂亮值得記錄的句子段落，最後幾乎整份書稿都被我畫了線。對我自己來說，整本書都值得反覆閱讀，甚至看到了自己——畢竟，連家裡養的狗去世的這個段落都說出了我的心聲——說真的，讀到最後，我感到的是悵然與虛無，但每次看到有想要對話的段落，我都會拍下那個段落傳給不同的朋友。我想，對於不同讀者來說，都可以從這本書裡找到自己喜歡、有共鳴，且可以與之對話的部分。

推薦序2

創造連結的轉運站

陳又津　小說家

二〇一七年，岸政彥五十歲時，出版了第一本小說《塑膠傘》，入圍芥川賞。兩年後，他再度以《圖書室》入圍三島由紀夫賞。在日本，高齡出道的作家不少，但像岸政彥這樣一直有專書論著發表，卻忽然開始寫小說的人，就十分罕見了。

《片斷人間》於二〇一五年出版，岸政彥說，他無法將這些「片斷」放進社會學的論文或報告，卻也無法忘懷這些時刻。連社會學者都無法解釋的困惑，是串連這本書的主旋律。當我們在生活中遇見怪異的陌生人，多半只是得到「那人怪怪的」、「來找麻煩的」這種印象，只求火速逃離。但社會學家必須密集地接觸、分析，持續面對未知的風險。

這本書展開了一場介於田野、研究與虛構的寫作，內容涵括學者對於現象的思索、在田野過程中的困惑與掙扎，也有些像小說才有的奇妙人物。但這些人就存在於我們周遭，只是我們缺乏足夠的好奇心和勇氣去描述這些人——我們怕跟那些怪人產生連結，甚至意識到自己就是那些怪人。在這本書中，岸政彥如此歸納自己的社會學工作：「一直以來我所做的就是，一邊傾聽這些個人生活史，一邊思考『社會』的涵義。」

社會是什麼、人又是什麼？

進入田野之前，研究者心中通常都有個研究目的，像是補充前行研究的不足，或是顛覆既有的理論。但過程總是會聽到出人意表又精神一振的故事，這該怎麼辦呢？這些外人看來沒什麼好寫，甚至是離題的片斷，反而更能顯現研究者自身的特質。不過，因為論文架構的規範以及讀者的期待，這些有趣的地方通常會被刪掉，頂多成為花絮或後記。例如我研究某個題目時，雖然讀了別人寫的文章或意見，但還是會試著詢問當時的筆者，有沒有什麼沒寫的部分？這往往是過去沒機會發揮，這次卻絕對不容錯過的機會。

無論是跑田野或寫小說，我們常常在聽人說話的時候入迷了，在某個當下意識到「這個可以寫」，但動筆敘述之後，卻懷疑自己似乎在虛構，甚至違逆當事人的意願。人一不小心，就會成了故事的容器或俘虜。採訪能拓寬個人認知的界線，無論是幾個小時、幾天的採訪都有類似效果，但身為社會學家的岸政彥也提醒我們：「記錄這種片斷性邂逅中所談到的片斷性人生，然後直接將其普遍性地、整體性地視為對方的人生，或詮釋為對方所屬的族群的命運，這其實是一種暴力。」

為了讓自己的聲音被聽見，又不得不謹慎地使用這種暴力。最後，我們不得不問自己：究竟該優先保護受訪者，還是保護故事？論文有嚴謹的規範：錄音、逐字稿、授權書、化名保護個資等，但介於研究與虛構之間的文類，就沒有明確的守則了。如果有人讀了小說，覺得你是惡意中傷，終究還是造成了傷害。書寫，並且呈現——即使寫作者的意圖並非傷害對方——本身就是一種暴力。這個疑問，岸政彥至今沒有解答，只是在作品中也相當節制，不任意詮釋或評斷他人作為。

他舉了更多例子，像是一個故事可能讓一個人得到救贖，卻也可能冒犯另一些人。書中提到，某些對死亡懷抱憧憬的街友來到沖繩，聽似浪漫，但對沖繩當地人來說，常常看到死人也很煩吧。另一個例子是，當他懷抱善意，帶學生校外教學，想跨越「多數族群」的障礙，流浪漢卻無法消化學生注視的目光而叫罵——這種刻意安排的「參觀」也是一種暴力。

「絕大部分的暴力，都出於『善意』。」這是他的結論。不知是否懷抱著這層考量，岸政彥寫小說時，很少使用田野得來的材料。也曾在訪談表示，自己屬於多數族群，即使做了研究，但終究不適合「代言」弱勢。

學者的謹慎與強烈的好奇，在書中達到了某種平衡。岸政彥筆下的人物栩栩如生，如果我就是那個墮胎的朋友、易裝的部落客、新興宗教的教主、裸體走去澡堂的阿伯……，被他這樣描寫，似乎也不至於被冒犯。但這是我個人的想法，不曉得當事人是否如此。書寫與呈現，總是必須嚴肅以待，尤其是這些只相處了短短時間的人。寫作者只能依靠著粗淺的印象，以及永遠嫌不夠的「常識」。那些我們說不清楚從何而來的常識，往往也藉由一次又一次的經驗而來。身為學者，岸政彥不刻意「為弱勢發聲」，因為連這樣的姿態都是一種暴力。他只是偶然看見，某些早已存在的事物。透過他的故事，石頭變得可愛，平凡的路人也有了謎樣的深度。

從社會學轉往小說，再從小說回到社會學，對於岸政彥來說，這兩者似乎沒什麼不一樣，同樣需要傾聽與思考。這個世界存在著無法分析的角落，就像現實社會也沒有明顯的參考文獻和註腳，這些片斷是他與其他人連結的時空，像是一個個微型轉運站，通往許多人內心的道路，路上有一閃而逝的奇異風景。

中文版序

此次，聽說這本小書被翻譯成中文出版，我感到無比開心。台灣和香港皆是我非常喜愛且多次造訪之地，一想到能讓生在這些地方、與我素未謀面的讀者讀到這本書，就由衷感到幸福。

在台北、香港的街頭漫步時，我總想像著：「如果我生長在此地，不知會過著什麼樣的人生？」我想，肯定與我現在的人生截然不同吧。

說不定，某個生長在台北或香港「過著不同人生的另一個我」，也造訪過日本的大阪

（我現在所居住的城市）。

初來乍到的另一個我，在大阪這個陌生城市的陌生巷弄裡，說不定也會一邊漫步，一邊想像著：「如果我生長在大阪，不知會過著什麼樣的人生？」

我甚至還曾幻想：「我現在在大阪的這個人生，說不定就是生長在台灣或香港的另一個我來到大阪旅行時，正在想像的人生。」

我以傾聽人們的「生活史」為工作，至今已超過二十個年頭。長期以來，我以居住在沖繩及大阪的名不見經傳的普通市民為對象，傾聽著他們的成長經歷與人生故事。

生活史的敘述，或者說一個人的人生本身，是由許許多多繁雜的、片斷的故事插曲所組成，這些故事插曲相互矛盾、支離破碎、謬誤百出又模稜兩可。

然而與此同時，也是實際存在的真實人生中的活生生、血淋淋的現實故事，如果在上面劃一刀，恐怕真的會流出血來。

許多人——甚至是社會學家——主張，應該讓個人訴說的生活史，回歸於純粹的「陳訴」或「故事」。因為他們認為，那些故事與現實毫無連結，既曖昧不明又充滿歧義，只是單純的「趣聞」罷了。這一派說法，如今在現代思潮、哲學、人類學、社會學上，儼然已成為主流，然而從過去到現在，我一直對此說法感到強烈的扞格不入。

我們對這個「自己」出生於何處、身處在哪個時代，毫無選擇權利，但我們又終其一生都不得不與這個「自己」相處下去。即使中途厭倦了這個「自己」的人生，也不可能換另一個人生來過過看。

一方面，個人生活史的敘述是充滿歧義而又流動性的，是模稜兩可而又謬誤百出的。另一方面，即使如此，我們的人生仍是錯過不再的，我們都是被禁錮在自己的人生中，而無法實際體驗他者的生命的。

這本書就是誕生於我思考著這兩件事的過程中。

這裡我想要表達的，並非「上帝藏在細節中」或「微不足道的小事也彌足珍貴」之類的大道理。我們的人生或經驗都是毫無意義的。但即使如此——或說「正因如此」——它們才會如此美麗。我們不用為人生賦予過剩的、陳腔濫調的意義。同時，我們也必須知道，這種無意義本身就是一種美。而且，這樣的人生是錯過不再的，而那裡所流的血也是真真實實的血（而非故事而已）。

這就是我想透過這本書表達的。

小時候，我最喜歡玩的就是「傳話遊戲」。那是小學的遠足等活動中經常會玩的遊戲。不知道在台灣和香港是否也有這種遊戲？

大家排成一列，第一個人想出一段較長的話，悄悄說給第二個人聽，而且不能讓其他人聽到。第二個人再小聲說給第三個人聽，同樣不讓其他人聽到。

當這句話傳給最後一個人後，第一個人就會公布他一開始想出來的那段話的內容。接著，最後一個人再公布自己聽到的內容是什麼。人數愈多，內容愈長，那段話最初和最後的模樣，就會變形得愈是令人難以置信。因為到最後話語總是嚴重變形，所以大家也會忍不住哈哈大笑。這就是「傳話遊戲」的玩法。

這種遊戲不僅存在於日本，也存在於世界各地。為何一個這麼單純的遊戲，能如此廣受世界各地喜愛呢？

這個遊戲能帶給我們兩項啟示。第一項是，當話傳出去之後，就一定會產生變化，無法維持其原貌。這也告訴了我們，要用語言傳達任何內容，都是一件非常困難的事。

第二項啟示是，在傳遞某個意義時，即使有雜音混入，即使意義本身變質了，也不全是壞事，因為它同時也會是一件令人捧腹大笑的趣事。

我們的社會總說，當意義傳達得不正確，或其中被混入了奇怪的內容時，就會成為一種惡。確實，日本發生大地震、海嘯及核電廠事故時，網路上曾流傳著十分惡質的謠言。

但在此同時，如果我們能夠向他人傳遞的意義，全都變成制式的、固定的內容，那麼這個世界一定會變得令人窒息。

我的這本書並沒有明確的主題或內容。這只是一本將片片斷斷的故事加以羅列拼接，從中思考「活著究竟是怎麼一回事」的書。因為這本書是如此模稜兩可又曖昧不明，所以在日本出版後，透過讀者出現了各式各樣不同的詮釋。我還收到過不少連身為作者的我都備感意外的讀後感。

如今這本書跨越國界，翻譯成異國語言，最令我期待的，不是內容能夠多麼貼切地傳達出去，反而是知道這本書將會被異國讀者，以一種我想不到、也看不見的方式閱讀。我認為所謂翻譯，並非單純在傳達其原本的意義，更是在為其增添新的意義。

請為這本小書中的諸多小故事，增添屬於您自身的詮釋。而我也衷心期盼，這些全新的詮釋，總有一天能飄洋過海來到我的眼前。

緒論
未被分析的事物們

沖繩縣南部的古老住宅區，我在調查對象家中進行訪談，訪談一路進行到深夜。途中，院子傳來受訪者兒子的呼喊。很愛動物的我一聽到那句話，不禁心慌意亂起來。然而，話題只有短暫停頓，經過幾秒的沉默，受訪者又接著說下去。我問：「咦？不要緊嗎？」他只說：「放心放心，繼續吧。沒關係的。」我們的訪談若無其事地重新開始，彷彿什麼也沒發生過，對那件事也沒提起隻字片語。訪談結束後，我回到那霸的飯店。之後，我未曾再見過那位受訪者。

「爸爸，狗狗死了！」

二〇一三年，我寫了一本書，書名為《同化與他者化——戰後沖繩的本土就職者們》（同化と他者化——戦後沖縄の本土就職者たち，ナカニシヤ出版）。許多沖繩的年輕人，在日本經濟處於高度成長期時，前往日本本土[1]打工，或集體搭乘交通工具離開沖繩，到本土的大城市就業，也就是所謂的「集團就職」。後來，這些年輕人，絕大部分都返回了沖繩故里，沒有成為所謂的「日本人」。但待在東京、大阪等大都會的期間裡，他們究竟做過何種工作，過著怎樣的生活，體驗了什麼樣的「日本」？為何他們最後幾乎都回到了沖繩？我訪問了歷經當時「前進本土」與「回流返鄉」的人士，仔細聆聽他們的經歷，最後加以整理撰寫成冊。

研究社會學的方法眾多，而我採取的調查方式是，找出體驗過某項歷史性事件的當事人，對他們個別採訪，讓他們儘量敘述自己的個人生活史。工作至今，我認識了許多人，記錄了許多故事。

《同化與他者化》這本書則是透過沖繩人的個人訪談，描繪出戰後沖繩史的一個截面。二〇一四年我又寫了另一本書《街頭人生》（街の人生，勁草書房）。我採訪了五位人士，他們的身分分別是前遊民、進食障礙的當事人、特種行業小姐、外國籍的男同志，以及「人妖」，再將採訪內容集結成書。在《同化與他者化》中，我把沖繩人的那些談話內容，跟沖繩戰後史相互對照，並做出大膽解釋；但在《街頭人生》中，我完全未加入任何詮釋，幾乎是將他們當時的描述，原原本本呈現出來。

本篇開頭提到的故事，是我為了《同化與他者化》一書，在沖繩進行採訪時所遇到的插曲。

我並非沖繩出身的人。那裡的人會把我稱為內地人（ナイチャー）、大和人（ヤマトンチュ），或「日本人」，稱呼方式不一而足。[2]但總歸來說，在沖繩，我就是一個外來者。年輕時，剛剛展開調查，在沖繩沒有任何關係或人脈，光是尋找受訪者，就是一項艱

1編註：泛指北海道、本州、四國、九州之日本國土。

2編註：「ナイチャー」（Naichia）與「ヤマトンチュ」（Yamatonchyu）為沖繩方言，指相對於沖繩人「ウチナーンチュ」（Uchinanchyu）的日本本土人。

困的大工程。調查結束後，又得歷經永無止境的懷疑、迷惘與苦惱，不知該如何詮釋那些談話內容。就連「身為外來者的我，有沒有資格擅自詮釋他們的話語」，我都找不出答案。再說，我身為本土人，就等於是將美軍基地與貧窮「強加」於沖繩的當事人之一。

因此，我一方面分析那些談話內容，儘量讓我做的調查能歸類在「社會學」的學問範疇中（雖說如此，這也是十分重要的工作），另一方面，也盡可能地珍視那些，被排除在我的詮釋之外的談話與插曲。不，倒不如說真正令人印象深刻的談話或插曲，反而經常存在於，被我狹隘的理論與理解排除在外的部分。

開頭提到的「狗的死亡」這段插曲，發生在我對一位當時五十來歲的男性進行採訪的途中。談話本身已收錄於《同化與他者化》一書，但書中對這個突如其來的「外來」情景，隻字未提。

然而，即使那個夜晚距今已超過十年以上，他兒子從院子傳來的聲音、他在談話短暫停頓時的表情，以及那時的起居室格局和家具擺設等等，至今仍歷歷在目。

狗在訪談中死亡，這件事的發生不但與沖繩的歷史、社會無關，也與社會學這門學問的成立，或社會調查的方法論、理論等等，都毫無關聯。然而不知何故，這個回憶總教我難忘，甚至比訪談的內容還記憶猶新。

那條狗生前得到過多少寵愛？他們是如何哭著埋葬那條狗？受訪者當下雖然以異常冷淡的態度帶過這件事，但採訪結束後，他是否也落下幾滴男兒淚？兒子是否因父親的冷漠而感到受傷？這些問題一直在我腦中揮之不去。

不過，比起這些一旦發生在自己眼前，任誰都會想到的細枝末節，更吸引我的是，那些事情本身的「無意義性」。那條狗的死，發生得太突然，教我一時之間難以會意過來，我想，對受訪者來說恐怕也是如此吧。一個從日本內地遠道而來的社會學家，專程到家中採訪的那天晚上，家裡養的狗死了。除了數秒的沉默外，這件事都被我們當成不曾發生，我猜，一定是因為對當時在場的我，或對受訪者來說，這都是一件既無法插入當時的對談中，又令人難以會意過來的事。那彷彿便是拉丁美洲作家筆下「無法確切理解在寫些什麼，但又莫名難忘的短篇小說」般的夜晚。

我在幼稚園時有一個奇怪的習慣。我會從路邊無數的小石子中，隨便撿起一顆，花上幾十分鐘時間，渾然忘我地凝視著那顆石子。在如此廣闊的地球上，在「這個」瞬間的「這個」場所被「這個」我所撿起的「這顆」石頭。這種無可取代性與無意義性，總是讓我感動到幾近顫抖。

雖然我的工作是透過社會學的理論框架，分析統計數據或歷史資料，但我真正喜歡的，是那些無法分析的事物，是那些單純存在的事物，更是那些暴露在陽光下並逐漸被遺忘的事物。

我喜歡在網路上閒逛，瀏覽一般大眾所寫的為數龐大的部落格及推特。一個長達五年不曾更新的部落格，就像在海灘上腐朽的漂流木，存在著某種美感。雖然有很多人喜歡工廠或旅館等等的「廢墟」，但是因為它們過於戲劇化，我反倒不怎麼喜歡。比方說，不知何處的某個學生所寫下的「午飯ＮＯＷ」之類的推文，對我而言反而更存在著真正的美。雖然相較之下，狗死亡的插曲令人留下更為深刻的印象，但一直以來我都無法將它們歸納進某個「故事」（story）中。無論是小石子、部落格，抑或是狗的死亡，都輕易地從我的解釋與理解中溜走。這些事物就只是純粹地存在著而已。

在進行採訪調查的當下，這類唐突而無法理解的事件，多不勝數，實在無法一一列舉。而此類無法理解的事件，不僅發生在採訪現場，同時也充斥於我們的日常生活中。我一直想著，總有一天要將這些「無法分析的事物」集結成冊，雖然這或許不是一個社會學家該做的事。

身為社會學家，對談話的內容進行分析，是十分重要的職責。但我想在這本書中，儘量網羅那些無法分析也無法解釋的事物，並將它們化為語言。雖然主題不統一，順序忽前忽後，體裁與風格也參差不齊，但我想隨興所至地寫下那些關於散落在世界各個角落的無意義片斷，寫下關於這樣的片斷所集結而成的這個世界，甚至是寫下關於在這個世界上的我們，正在與某個誰產生的某種連結。

断片的なものの社会学

片斷人間

人生就是片片斷斷的組合

大概在十多年前吧，某天深夜，已故的專欄作家天野祐吉，出現在電視的新聞節目中。主持人好像是筑紫哲也。話題討論到伊朗還是伊拉克，筑紫說：「然後傷患……」此時，天野小聲問：「毛蟹？」[3]筑紫回：「不，我是說傷患。」天野露出恍然大悟的表情，他們也回到了原本的話題。

正如前面所提到過的，社會學是我的工作。直接與人面對面，傾聽他們的故事，就是我的工作方式。雖然主要研究的地區是沖繩，但我也會採訪其他族群，像是「被歧視部落」。[4]此外，出現在我人生中形形色色的人，也經常受邀成為我採訪的對象。我不只訪問所謂的「少數族群」，也採訪教師、公務員、大企業員工等人生安穩無虞的人，請他們講述自己的成長經歷。總之，一直以來我所做的就是，一邊傾聽這些個人生活史，一邊思考「社會」的涵義。

身為一個調查者，不少我所訪問過的人，後來都成了我私人的朋友，反之，我也曾委託過不少私下有交情的人，來當我的訪問對象。但我和調查對象之間最常見的情況，還是只有片斷而短暫的邂逅與交情。透過各式各樣的管道，委託一位素未謀面的對象讓我採訪一、兩個小時——我和人們的交集，就是如此短暫。在有限的時間內，傾聽那個人的人生中的幾個片斷性的故事。而採訪結束後，就從此不再見面的對象，也不在少數。我還曾透過電話，訪問過幾位不知長相、不知姓名的對象。

---

3 譯註：日文中「傷患」與「毛蟹」的發音相近。

4 譯註：日文為「被差別部落」，指受到歧視的部落民聚集的群落或地區。部落民是指日本封建時期賤民的後代。

記錄這種片斷性邂逅中所談到的片斷性人生，然後直接將其普遍性地、整體性地視為對方的人生，或詮釋為對方所屬的族群的命運，這其實是一種暴力。

我們社會學家的工作，就是要分析他人述說的故事。簡言之，我們無法不行使這種暴力。而社會學家該如何面對這個問題，則是每位社會學家自身的課題。

社會學就是這樣的工作。然而，當我將自己從工作中抽離後，那些透過採訪調查所得到的，片斷性邂逅中的片斷性故事，那些無法視為整體、也無法視為普遍性存在的人生片斷，有時會令我深深著迷。

當然，在調查工作以外的日常生活中，我也經常會遇到這種片斷。對於這些無法分析、無法視為普遍性存在的「瑣碎事物們」，雖然我們無法自行賦予它們過度的涵義，但它們卻有著一種獨特的光輝，讓我從這個點開始展開新的想像，編織出另一個全新的故事。

我曾在一處老舊的集合住宅社區進行訪問調查，訪問對象是一位七十多歲的男性居民。他曾經是音樂工作者，戰後，遊走於關西各地的歌廳，進行非定點演出。據說，當時他曾在許多昭和時期的大牌明星高唱流行歌時，在其身後一夜伴奏到天明。大約二十年前，我也曾在大阪的夜總會、小型展演空間（live house）中演奏爵士樂，而勉強知道一些共通的店家，認識一些共通的朋友，因此聊天過程十分盡興。

結束音樂工作後，他透過在夜生活的世界中建立起的人脈，積極從事各種買賣。然後某天，他突然人間蒸發。

幾年後，他成了一名富豪，回到妻子身邊。據他所言，他是「在東京做了不動產的生意而發財」，但無法確認其說法是否為真。接著，他化身成新興宗教的教主，又經歷了許多風波，最後蕩盡家產。現在夫妻二人居住在關西一處小小的舊社區裡，過著低調的生活。

訪談結束後，男子突然站起身來，豪氣地打開房間另一頭的紙拉門。拉門後陳列著大概二十幾件華麗的貂皮大衣。他對同我前來的內人說：

「小妞，我送妳一件，妳自己挑件喜歡的。」

我們當然禮貌地拒絕了。

即使如此，我內心仍不禁感嘆：「這就是人生哪！」他是拚了命地對抗歧視、貧窮，才好不容易選擇出了這個人生，這個人生的對錯，絕對容不得他人肆意批判。儘管如此，他這段口述個人歷史，還是在我腦海中留下了難以抹滅的印象。只是，最後這段訪談，沒能用在任何論文或報告中。

丸山里美的《作為女性遊民而生——貧窮與排擠的社會學》（女性ホームレスとして生きる——貧困と排除の社会学，世界思想社，二〇一三）可能是日本唯一一本探討女性遊民的社會學書籍。丸山不只拜訪了收容女性遊民的機構，還多次親身走訪她們所居住的公園，甚至和她們寢食與共，聆聽她們的各種人生經歷。

原本生活穩定，在家當家庭主婦的女性，某天突然流落街頭；甚至還有曾經自行創業當過老闆的人；或是貧寒家庭出身，沒有機會接受正式教育，一直在社會底層過著貧賤生活的女性。其中也包括肢體障礙、精神障礙或智能障礙的人士。

有一名女性，在貧窮的生活中，嫁給一名男性，為他撫養他和前妻所生的孩子。但丈夫隨後鋃鐺入獄，令她對於「自己為何要撫養別人的孩子」開始感到疑惑，某天便突然離家出走。後來她輾轉換過幾份工作，如今則是以公園為家。

這個故事讓我感受到，我們人生中的情感連結，是如此地一觸即潰。我並非要批評孰是孰非。事實上，這就是我們的生活。

當我還是一個縮衣節食的貧困兼任講師時，在兼任授課的學校裡，認識了一名女學生。她十分容易與人打成一片，還曾多次前來我和內人同住的家中作客。

她從小無父無母。但並非父母雙亡，而是在她年幼時，父母各自有了新的伴侶，並和對方生下孩子，各自組成了新家庭。

她和手足一共五個孩子被父母遺棄。五人相依為命，沒有任何大人照料。當時，最年長的姊姊是高中生，代母職，大家輪流打工、做家事，照顧尚且年幼的弟妹。三餐有時是他們自己煮，有時從外頭買回來，有時是住在附近的母親，帶點菜餚來給他們。每天都得像這樣拚了命地討生活。

離家的父親是個「老頑固」，還有著一看到別人有困難，就無法袖手旁觀的個性。「我們家啊，有段時間住了名不認識的老婆婆。」她說。父親收留了一個無依無靠的老人，擅自安置在被自己遺棄的孩子們的住處。據說，年幼的弟弟妹妹一早起來，看到一個陌生老婆婆睡在身邊，嚇得哇哇大哭。但沒過多久，老婆婆就成了他們日常生活的一部分，「最後老婆婆的告別式，還是辦在我們家裡。」另外，還曾出現過一個父母不詳的嬰兒，由他們幾個小孩子照顧了一段時間。

我還聽過其他許多小插曲。「妳的故事還真有趣，哪天我可不可以把這些故事寫成一本書？」「那有什麼問題，寫吧、寫吧！」

我和她已有許多年未見。偶爾想起，會想知道她是否無恙，但又想說大概一切安好，便一直沒有主動聯絡。不過，她的聯絡方式，仍保留在我手機裡，就她的電話我絕對不想刪除。

最後一次見到她，究竟是何時了？八、九年前的除夕深夜，突然接到她的電話：「老師，我現在去你家方便嗎？」「可以啊。」我才剛說完，她立刻雙手捧著滿滿的花束，出現在我家玄關。我嚇了一跳，只見她逕自走入家中，用沾滿泥土的雙手，隨手拿起一旁的花瓶，將插得進去的花全插進去，在餐桌上擺滿了花。「不好意思，打擾了。老師新年快樂。」說完，她便瀟灑離去。後來才知道，除夕那天她在賣花的攤販打工，將最後賣剩的花都拿來送我了。

我經常到那霸市出差。前陣子，我在那霸停留了兩週左右。那段期間，我習慣在深夜從沖繩縣政府大樓，沿著國道五十八號線健行，到接近浦添市之處折返。回程，則會從泊埠頭的一間大型度假飯店前經過。

飯店偌大的外牆一片漆黑，一扇扇窗戶整齊排列在牆上。窗戶恰恰都設在電梯廳的位置。每一層樓的電梯門，透過垂直排成一直線的窗戶看起來如此渺小。步行中的我和那些窗戶，距離數百公尺之遙。

我一邊走，一邊下意識地盯著那些窗戶，自某扇窗內看見電梯停了下來，大約是七、八樓。隨後電梯門打開，稍稍能瞥見走進電梯的人的後腦勺。電梯門立刻又關上，此時，我也已從飯店前走過。

這只不過是短短數秒間的驚鴻一瞥，但當下我卻覺得，自己和這個不知名的某人，「一起搭上了」這間飯店的電梯。既不知長相、姓名、性別和年齡，也不知前來沖繩的理由或搭乘電梯的目的——一個我一無所知的陌生人，正好在某間飯店的某層樓走進電梯，那瞬間的景象，恰巧被夜晚走在路上的我瞧見。而這件事除了我，沒人知道。

前面也提過，快上小學前的我有個怪癖，就是會隨意撿起一顆路旁的小石子，然後細細凝視上好一會兒。當時令我深深著迷的是，一顆小石子從無數中的其中一顆變成了「這顆」的這個神奇瞬間。

我從不曾對那些石頭產生移情作用。我不曾為它們取名或將它們擬人化，也不曾將自己的孤獨投射到石頭上，更不曾想像小石子和自己說了些什麼悄悄話。從路邊無數的小石子中，隨機挑出一顆放在掌心，舉到面前全神貫注地凝視，於是那顆毫無特徵的小石子，就會清楚地浮現出其獨有的形狀、顏色、光澤，以及表面的紋路或傷痕。這個瞬間，它會變得和其他小石子不同，成為這世上獨一無二的「這顆小石子」。那一刻，我也會明確地感受到，這顆小石頭與世上的其他小石頭都不一樣。而這件事總教我感到如癡如醉。

然後，我會進一步擴大想像，這世上所有的小石子，都是具有獨特形狀、顏色、光澤、紋路和傷痕的「這顆小石子」，我拚了命地去想像那遠遠超出我想像的「龐大程度」。沒有被移情或擬人化的「一切事物」，其實都是獨一無二的「這」「個」，這件事是多麼地單純而荒唐。身為其中的某個個別的什麼，又是多麼地毫無意義。

這可不是那種「看起來毫無意義的東西，只要拿在手中，就會顯而易見地成為一個無可取代的特別之物」之類老套的「人生體悟」。

曾放在我掌心上的那些小石子，都各自是這世上獨一無二、無可取代的存在。而這些獨一無二的存在，又無窮無盡地充斥在這世上每條街道上。

毫不隱藏，卻無人看見

好幾年前，我採訪過一名曾從事特種行業的女性，當時我約了她和她的朋友見面，打算找間ＫＴＶ的包廂進行訪談，但因為對方開口問：「老師，要不要去愛情賓館（進行訪談）？」因此，我們三人就這樣進了大阪南區[5]的一間愛情賓館。婚後的她已不再從事特種行業。採訪當時，她懷有身孕且已接近臨盆，即使從遠處看，也能明顯看出她大腹便便。

我們三人通過賓館的無人櫃檯，正要進入房間時，突然有一名工作人員飛奔過來，對我們問東問西。畢竟其中一人已接近臨盆，想必透過閉路電視看到也是特別顯眼。

她的丈夫是她過去待的特種場所的老闆，也是一名黑道分子。訪談過程中，因場所尷尬，我不斷在內心祈禱她千萬別在這時開始陣痛。萬一被她丈夫發現，我跟她來過這種地方，恐怕引來殺機。

像這種無意義的小插曲，多不勝數。那次的訪談雖然無法寫進任何論文、報告或書籍中，卻莫名留下深刻記憶。不僅採訪的內容有趣，包含許多不能對外公開的事也都妙趣橫生。這不禁令我感到：「即使只是普普通通地活著，人們還是會經歷到各式各樣的遭遇呢。」

不管是什麼樣的人，內心必然都有著各式各樣的「故事」，光是感受那些故事的平凡性、普通性，那些故事的「不值一提性」，都會讓我為之心揪。走在大阪梅田的鬧區，就會和無數人群錯身而過，他們都各自活在他們「不值一提的、普通的」故事中。這些平常不為他人所聞問的人生故事，一旦來到訪談之中，就會一一現形。就連訪問的當下，也總是

5 譯註：大阪市的繁華鬧區，橫跨中央區和浪速區。

會創造出意想不到的故事。

但我也會想到：「事實上，也沒有人刻意隱藏這些故事啊。」這些故事一直都在我們面前，無論何時都唾手可得。許多事物即使映入了我們的眼簾，我們也看不見。

讓我來說一個虛構的故事。

有一對年輕夫妻生活得十分低調。有一天，丈夫向妻子提議兩個人一起去度假，找了個合適的時間向公司休假，展開繼蜜月旅遊之後睽違已久的二人旅行。他們選擇的地點是，位在近郊的一處冷清的溫泉區，並打算在那兒逗留一個禮拜，換住三間不同的溫泉旅館，嘗試各種不同的溫泉。起初，妻子覺得這趟旅行實在浪費錢，但在上網找住宿和溫泉的過程中，找著找著，她也愈來愈感到期待。

快到啟程之日，愛操心的妻子認真開始思考，該如何預防闖空門。她在網上搜尋了各式各樣的防盜用品，但那些用品不是點個燈，就是在窗上加個防盜鎖而已，沒有一樣能讓她真正放心。

於是，妻子偷偷錄下了夫妻兩人平日的各種聲音。早晨與傍晚兩人都在家時的腳步聲、洗衣及煮飯掃地的聲音、電話鈴聲、郵差來的聲音、鄰近小學傳來的運動會的練習聲、從窗外下方行經的國中生們打打鬧鬧的聲音、當地垃圾車的聲音，還有兩人不著邊際的閒聊、閒聊、再閒聊。「媽媽從娘家寄來了包裹……」「之前隔壁的先生……」「那附近新開的咖啡廳養了一條狗……」「最近餐桌上都沒有擺花……」「這台微波爐是不是該換了……」

出發時，妻子將錄下的聲音檔案存入電腦，設定為循環播放，讓喇叭不斷播放這些聲音。屋內的燈也一直開著，製造出這禮拜一直有人在家的假象。

豈料兩人意外發生車禍，在旅途中雙雙罹難。車子翻覆的剎那，兩人明白自己已無法回到那寶貴的日常生活，明白他們將永恆地被囚禁在這一瞬間，再無法回到那寧靜的屋子，過著普通的生活。

車子墜落深谷，當下沒有人發現這場車禍，甚至當車子被發現後，也難以確認死者身分。

從車禍發生，到警察和不動產管理公司的人，進入他們家之前，無人的空屋一直點著燈，持續傳出兩人的聲音。兩人不著邊際的閒聊、閒聊、再閒聊。「媽媽從娘家寄來了包裹……」「之前隔壁的先生……」「那附近新開的咖啡廳養了一條狗……」「最近餐桌上都沒有擺花……」「這台微波爐是不是該換了……」

空無一人的屋子裡，無止境地循環播放著日子流逝的聲音，安穩而平靜。直到某天，當人們走進屋內，聽到兩人的聲音，才發現那些早已不存在於世上的東西，竟以一種意想不到的形式，保存了下來。

某些東西雖然永恆地消逝了，卻在我們身邊以不同的形式被保留下來——這或許就是浪漫故事或懷舊（nostalgic）故事經常使用的一種敘事模式。兩人的聲音就是他們的遺物。當兩人尚在世間，過著普通生活時，那些稀鬆平常、不著邊際的閒聊，對他人而言，既平凡無奇又不具價值，只有從說話者消逝的那一刻起，那些日常生活裡毫不起眼的閒談，才會變化成最重要且無可取代的遺物。

就像一枚平時戴在某人手上，看起來毫無特別之處的戒指，但在那個人過世後，卻搖身一變成為具有重大意義的物品。那夫妻二人隨口說出的日常對話，對我們而言之所以變得別具意義，當然是因為他們已不在人世，而我們「知道」這件事。

毫無意義的平庸事物，因為某個悲劇、某種喪失，而變得意義非凡。這就是這個故事的架構。

不過，我又進一步的思考：倘若讓這平凡無奇之物，繼續維持它的平凡無奇呢？

若他們夫妻兩人自溫泉旅行平安歸來，又會如何？結束久違的愜意度假，安全回到兩人的小公寓，打開鎖，踏入家門。這時兩人聽到喇叭傳來自己的對話聲，也許會相視而笑。也許他們會默默感謝這個聲音檔，發揮了防盜功效。然後，妻子點擊了一下停止鍵，從此再沒打開過這個聲音檔。

此時，連對當事人的夫妻而言，這個聲音檔也變得一文不值。聲音檔成了兩人持續不變的平凡生活的一個插曲，轉眼便忘得一乾二淨。

然而，我們已經知道另一種現實的可能性。也就是兩人的車子在山路上翻落溪谷的現實。那時，兩人的對話聲迴盪在無人空屋中，無人聞問，這對我們來說是件痛心的事。如此說來，更令人痛心的，反而是沒有發生車禍事故的現實。兩人不著邊際的閒聊的無可取代性，連他們自己也無從知悉。不僅如此，連「我們」也將無從得知其無可取代性。於是在這個故事裡，空屋子裡的對話聲，無論對他們夫妻倆而言，或對「我們」而言，都是無意義的，可謂雙重的無意義。

不過，還有一種更浪漫的現實。這種現實，出現在連第一個故事都不存在之時。透過我先前寫下的故事，讓我們知道兩個人也有可能發生「某些事」，於是我們的腦中浮現出，那間無人空屋中的景象——祥和的生活從此一去不復返，徒留生活的餘音，迴盪在空蕩蕩的屋中。接著，我們思考了兩人平安回到家中的世界又是如何。此時，兩人的那段無可取代的生活，將隨著時間的洪流消逝，不會成為任何浪漫故事。

但更浪漫，或說更懷舊的現實是什麼？我想一定是，我們對這兩人毫無所知，既不知這兩人是否去度假了，也不知兩人的後續平安與否，更不知兩人會錄下並播放那些對話。

先前提到的平安無事返家的第二個故事中，那段對話之所以無可取代，是因為有了一個大前提——我們已經事先知道，在另一個世界裡，兩人已雙雙罹難。然而，無可取代性來自於「無法為人所知」，以及「已消失於世上」。如此說來，最無可取代的，應該是對「我們」而言，從一開始就不曾存在的東西，無法從我們的生命中消失或隔絕，無從得知也無從想像，無法喚起任何情感的某個什麼。

兩人對話的無可取代性，在兩人已死的世界中，無論是我們或他們兩人都知道。在兩人正常返家的世界中，其無可取代性只有我們知道，他們兩人並不知道。而在這兩人不曾存在的世界中，其無可取代性我們不知道，（理所當然地）他們兩人也不知道（或者該說，從一開始就不存在）。

關於這兩人的故事，是我自己捏造的，純屬虛構。這樣的兩個人，非但不存在，恐怕也不會有人只因為害怕闖空門，就大費周章到如此不合情理的程度。關於那一切，我們從一開始就不曾擁有，也從未失去。

事實上，像這樣的事，在這世界上是存在的。這世上存在著，從一開始就不曾擁有，因此也不會失去，所以絕對不會出現在我們眼前的事物。不曾發生任何事的現實，正在世界各處上演著。我們日常中不著邊際的對話，會如同天才演奏家艾瑞克・杜菲（Eric Dclphy）對音樂所提出的看法一般，說完便消失於無形，再也不會回來。然而，更感性的事實是，那些對話真的回到了我們身邊，但字字句句都毫無特別之處。當我們徹底追尋最浪漫、最懷舊的事物時，最終就會找到最不浪漫、最不懷舊的事物。最無意義的事物，因為某個悲劇，而忽然轉變成最有價值的事物——如果這就是浪漫的話，那麼最浪漫的，應該是連悲劇都不曾發生。

亨利・達格（Henry Darger）的作品之所以能如此撼動我們，讓世人為之讚嘆，不只是因為他以雙性化主角及受虐兒童作為主題，更是因為那些畫直到他將死之際，都不曾有人看過。那些畫險些就要從這世上永恆消失。在一連串不可思議的巧合下，畫作才得以留存至今。於是，那些畫來到了我們眼前。如今，只要是對藝術有興趣的人，就一定聽過達格的名字。

在無人之處倒下的樹，會發出什麼樣的聲音？他所遺留下來的長達一萬五千頁的《不真實國度》的故事——描繪名為「薇薇安女孩們」的奇妙女童們的大量畫作——就是這個問題的答案。[6]

想要在完全不考慮達格的為人與生平的情況下，對其作品做出評論，是非常困難的，恐怕也沒有必要這麼做。因為那些作品，不但出自一個極為「特殊」的人之手，而且險些亡佚，這兩件事本身，在這些作品價值的形成上，就是不可或缺的要素。如果達格是將作品發表於網路上，恐怕就不會有今日此般的價值了。因為達格的孤獨，才讓其價格水漲船高。達格一生背負著孤獨——這項要素讓我們給予其作品「衍生評價」，換言之，就是透過「原生藝術」（Art Brut）的有色眼鏡，給予狂熱的讚揚。如果是現代的武藏野美術大學[7]的

6 譯註：亨利・達格生前是一家醫院裡毫不起眼的清潔工，死後，房東才在他的屋內發現三百多張水彩拼貼畫和一萬多頁的手稿，名為《兒童奴隸叛亂引發的葛蘭德可安傑里寧戰爭所在之不真實國度裡薇薇安女孩們的故事》（*The Story of the Vivian Girls, in What is known as the Realms of the Unreal, of the Glandeco-Angelinian War Storm, Caused by the Child Slave Rebellion*）。

年輕畢業生，畫出相同的作品，發表在網路上，以「原始評價」來看，換言之，就是與眾多藝術品並列鑑賞的話，這些作品恐怕不會得到讚揚吧。不，薇薇安女孩們確實具有某種力量，但至少單憑如此，也難以如今日般受到神格化。

這世上可能出現過無數個達格，有過無數幅同樣能撼動人心，卻沒有在最後一刻被發現，因而亡佚的作品吧！另一個達格說不定就潛居在我所居住的這條街上。或許就在你家隔壁。不，說不定存在過又消失了，而我們早已錯過。關於達格的存在，最動人的，不是達格本身，反而是「說不定世上一直存在著其他達格」的這件事。

但這裡最動人的，依然是「打從一開始達格就有可能不存在」的這件事。在「達格被發現的世界」裡，達格自己並不知道，他對繪畫的堅持最後會開花結果，但我們知道。而在「達格沒被發現的世界」裡，不存在著被發現的達格，但我們還是可以想像得出，付出到最後都沒有獲得回報的那種人是「存在的」。然而，「在達格不存在的世界」裡，達格真的存在嗎？他的堅持最終是否開花結果了？……這些問題的答案「就連我們也不知道」。倘若「不為人知」這件事，是浪漫故事、懷舊故事的本質，那麼更浪漫且懷舊的故事，就是不但繪製薇薇安女孩們的那個人，沒有被發掘出來，而且我們連他沒被發掘這件事，都不知道（不是不知道他被發掘出來了，而是不知道他沒有被發掘出來）。

照這樣說來，住在我們家隔牆的那個老人，恐怕便只會是普通的老人，屋裡也絕不可能藏著令人眼睛為之一亮的藝術作品。

而這是非常「富有故事性」的事。

首先，有一個故事是關於一個「失去後才發現的事物」。接下來則是去思考，如果有一個「失去後沒有被發現的事物」，又會如何？接著再去想像一個「從一開始就不存在，所以也無法失去的事物」。

最後，我們再來思考一下「一開始就存在，且不曾失去，但卻無人看見的事物」存在的可能性。無論是失去後發現的事物、失去後沒發現的事物，抑或是一開始便不存在也無

---

7 譯註：日本教育規模最大的頂級美術院校。

法發現的事物，一般來說都能算在「故事」的範疇裡。那麼，一個雖然存在於誰都看得見的地方，卻沒有人見過的事物，有可能成為我們口中的故事嗎？

我是重度的網路成癮者，一天要在電腦前，坐上好幾個小時，其中有很多時間都是在看一般人的手機部落格或日記。「毫不隱藏，卻無人看見的事物」恰恰就在此處。

有一個我持續閱讀的手機部落格，由一位住在九州某縣的三十世代後半的女性所寫。她詳細地記錄了幾年前遭男友暴力相向的經驗。當初就是這段內容，引起我的注意。

某天，開車兜風時，男方忽然發火，毫無預警地把她丟包在深山的一條漆黑道路上，她光著腳走了三個小時才回到家。一回到家，就看到那男人一如往常地看著電視，一副什麼都沒發生似的樣子，還要她煮飯給他吃。

暴力男子和對他產生依附的女子之間，壯烈卻又稀鬆平常的日記，斷斷續續地持續了七年後，她和那男人分手了。分手之後，日記至今仍偶爾更新。

還有另一個部落格，是住在北關東的四十幾歲的女性所寫。她的住處堆滿大量垃圾，亦即所謂的「垃圾屋」，但她似乎絲毫不以為意。她是一個單親媽媽，有兩個女兒，而她二十幾歲的長女也是一個單親媽媽，育有一個大約兩歲的兒子。次女似乎繭居在家。家中經濟狀況十分拮据，壓力大時，她就會把錢全都拿去打柏青哥，最後再懊悔地回家。回到家，就把氣出在兩個女兒身上，和她們大吵特吵。她很溺愛她的這個小孫子，經常用手機幫他拍照。其中一張照片，拍到咖哩飯放在垃圾屋中的小小餐桌上，小男孩全裸入鏡，那畫面莫名令我印象深刻。

比起藝人或名人的文章，我更喜歡這類，由一般人所寫下的普通生活紀錄。只不過，這類文章是用未經修飾的「口述語言」寫成，讀起來頗為吃力。文中充斥著表情貼圖、表情符號，也經常出現無意義的換行，網頁的設計也令人吃不消。

方才舉出的兩個實例，都還能當作「故事」閱讀。但那些尤其是用手機，而非電腦所寫成的部落格或日記，絕大部分真的就只是片片斷斷的描述。大量閱讀下來，甚至會感到痛苦。

某個手機部落格網站上面，發表文章的幾乎都是從事特種行業的女孩子，內容大半都是在寫迷上牛郎店的故事。其中也有讓人興味盎然的故事（我就是在這個網站，學到牛郎業界的獨特用語），但仍有不少文章，並非以提供他人閱讀為前提，斷簡殘篇的內容，讓人完全無法理解其意。即使如此，透過這些零碎的文章，還是能讓人了解到：「原來迷上牛郎的風月女子多如牛毛。風月女子把自己好不容易賺來的錢，全花在牛郎身上，這種事並不罕見。」透過這些文章，可以窺見那些人生的鳳毛麟角。

比這些還要更加片斷性的人生描述，更是俯拾即是，我們想看便隨時看得見。大約一個月才更新一次的日記中，只寫了短短的一句：「離婚後胖了一大圈，所以只能到超便宜的酒家工作了。」也有註冊完帳號後，只寫了一句「麥當勞的德州漢堡屌到不行」，就擱置將近三年的日記。這些文章一直都存在著，任何人都能點進去看，但是光從這些片斷性的人生描述中，我們無法讀取出任何意義。

然而，這世上時時刻刻都在發生，看起來算不上一件事的事，而那些全都大剌剌地擺在我們眼前，隨時都能看見——這件事一直在我心中揮之不去。雖然閱讀一個個片斷性的描述，甚至會感到痛苦，但那種全部加總起來的「龐大性」，總是令我拜倒於前。

我並非想為這些為數龐大的描述，冠上「民眾文學」或「真正的大眾文化」之名，加以褒揚。那種事是有錢人玩的遊戲，就讓他們在頂端的「閣樓」（attic）裡玩他們的。這些描述的存在，就只代表著，人們片斷性的人生中存在著使用大量表情符號和表情貼圖的、片斷性的描述。我們無法顛覆文化性的價值觀並從中找出任何藝術性的價值。

正因如此，我不禁覺得，這種「毫不隱藏，卻無人看見」的描述，是一種美。這些徹底世俗、徹底孤獨、徹底龐大所形成的字句美感，正是來自於每一個句子、每一段話都毫無意義。

土偶與盆栽

看到街道路樹的樹根旁，長著蘆薈時，我就會想說，啊，這裡也有「都會農園」。「都會農園」是我隨意提出的概念，指的是默默在都市一角欣欣向榮的植栽們，像是茂盛生長在路樹根部的蘆薈、栽種在城鎮巷弄小公園裡的苦瓜、擺放在文化住宅或長屋玄關前幾近爆盆的丹桂等等。[8]

這些多半是，住在附近的婆婆媽媽擅自栽種的。尤其在公園、鐵路兩側、路樹的植穴等公共場所，看到芝櫻、珍珠繡線菊盛開時，就會不禁覺得，人類真是一有空位，就非栽種些小巧可愛的東西不可呢。這種現象應該不僅限於大阪，但總覺得大阪特別多。只要有一塊小小的地面，就忍不住種種植物。有時看到小小的窗戶上，安放上小小的綠簾網格，上頭的苦瓜藤不得志似地，在狹小的空間中橫向發展時，還會有點於心不忍。

不過，那些擺放在玄關前的小盆栽，似乎常常遭竊。散步時，偶爾看到玄關旁貼著告示紙，上面用歪歪扭扭的手寫字體寫著「請勿偷盆栽」。到底是誰會來偷？我想，應該是喜歡園藝的人吧。

以前，公寓隔壁住著一位獨居的老奶奶，因為出門碰上她時，就得聽她說上半天，所以我都儘量避開打照面的機會。儘管如此，她還是對我十分親切。有一回，這位老奶奶拿著一個小盆栽來送我，至於是什麼植物我已記不得了。我滿懷感謝地收下後，第二天她又送了另一個盆栽來。再隔一天，又送一盆。當她第四次送來時，我拒絕了，結果隔天看到她把那個盆栽，擅自放在我家門前。我稍微念了她幾句，就看到她露出悲傷的表情，結果

8 譯註：文化住宅指導入西洋生活風格的一般住宅，流行於日本大正時代中期以降；和洋折衷住宅。長屋指一、二層樓高，左右狹長的集合住宅。

那個盆栽就在那兒擱置了一段時間。我家玄關前什麼也沒擺，似乎就是玄關前面這空空如也的狀態，讓老奶奶無法忍受。可能是一看到有空間空下來，就會想用可愛的東西填滿吧。

前陣子，那位老奶奶搬去和兒子同住。之前還聽她抱怨說：「兒子擔心我一把年紀自己一個人住，可我反倒喜歡一個人，樂得清閒。」後來我才聽說，老奶奶之所以會一個人住在這兒，是因為她在這兒土生土長。搬家時，她的兒子、媳婦也有來跟我打招呼，我還幫他們一起搬運重物。

老奶奶擅自留在這兒的盆栽，其中幾盆存活至今，沒有枯死。

我本以為大概再也見不到那位老奶奶，沒想到過了兩個星期左右，竟然又在附近遇見。好像是土生土長的關係，這裡朋友多，認識的人也多。因為現在她住在大阪市內，離這兒很近，因此之後也經常遇到她。所以，這也不算是一個那麼令人懷舊的故事。

我有個要好的朋友，是朝鮮學校的美術老師。她自己也有在製作美術作品。那是有著巨大乳房的小土偶。[9]她製作的素燒小土偶，和另一個樹脂製成的更小的土偶，總是待在我家餐桌上。我們會在那裡用餐或擺放插花之類的裝飾，看著看著，漸漸覺得他們如同家人一般。那個由溫暖掌心製作出的土偶，彷彿會動的生命，此時也放空地站在那兒，一個勁兒地笑著。

雖然這麼說，但我並非是將土偶擬人化。它們只是一團泥土和樹脂，不會說話，也沒有意識。但餐桌上的這個不會說話也沒有意識的泥土團，是活著的。招人喜愛就代表活著。不具有意識與生命的素燒泥土，在餐桌上笑著。不是看起來像在笑，而是真的在笑著。一邊看著我們用餐，一邊笑著。

土偶老師不會對作品精雕細琢，這點十分對我的味。她完全不追求那些，像是新的局面，或未曾出現過的設計之類的賣點，只是天天燒著在別人眼中，長得一模一樣的土偶，日復一日。這些看起來一個樣的土偶，僅僅只是一再地增生。接著，這些土偶被人買去、被人餽贈，散落至各家各戶。然後，它們也會在那裡靜靜地笑著吧。

9 譯註：人形陶土製品，日本繩文時代的代表性遺物。

土偶老師是一位出色的藝術家，同時也是極為優秀的美術老師。她總是會在臉書上貼出學生們的作品，而我們都對那些照片引頸期盼。那些作品絕非隨處可見的畫作或雕刻，而是一些徹底荒唐、徹底有型、徹底可愛到超乎想像的作品。能將作品製作得如此自由奔放的學生本身當然是十分優秀，但我認為能讓學生製作出如此作品的老師，也非常出色。我想，她是真心愛著這些孩子們。

然而，多數男性，都不擅於疼愛及培育小小的東西。既不擅長又十分畏怯。我想這完全不是本能或天性所致，而是從小到大的環境和社會整體的價值觀，將個體改造成如此。總之，我們男性真的無法無條件地去愛某個事物。我本身因為喜歡動物，所以要我疼貓愛狗我做得到，但要我在下班途中，繞道去花店買花回家，我則很不在行。內人在小庭院種了一些花花草草，偶爾會剪下花朵，插在玻璃花瓶裡，而我總驚訝於它們看起來竟是如此可愛。但這種事我自己就是做不來。

雖然我認為這種狀況並非僅限男性。只不過，比方說，某個年度我的專題討論課學生曾以「孤獨死」[10]作為研究題目，走訪了幾個老舊的集合住宅社區的自治組織，進行訪問調查。說起來雖然是老生常談，但總之令我印象極深的是，有些社區希望能建立起人與人的交流，以杜絕集合住宅中的孤獨死，他們努力進行各種嘗試，像是「社區咖啡廳」等等，然而男性卻完全沒來捧場。

高齡的獨居女性，會立刻在附近找到朋友，也會頻繁地前去社區咖啡廳，大家和樂融融地談天說地，男性則是絕不會駐足此類場所。就算硬是把他們請來，他們也會無容身之處似地枯坐在室內一角，板著臉、低著頭、不發一語。實際上也有一些數據顯示，男性孤獨死的人數，遠多過女性。而孤獨死的人從死後，到被發現的時間，也是男性較女性長上許多。我們不僅活著孤獨，連死也孤獨。

學生在訪問中，發現了一項有趣的事實——玄關前的盆栽，是幫助女性建立交情的功臣之一。把紫花地丁、牽牛花的小盆栽送給對方，對方又以黃金葛的盆栽作為回禮。在玄

10 譯註：指獨居者在無人照護的情況下，在家臨終的狀況。

關前澆水時，對方就能以「長得真漂亮」展開對話。聊到難種的花卉該如何照顧時，雙方就能起勁地聊上好一陣子。「這個繡球花真美，哪像我家的，只長葉子，一朵花都不開。」「太太（老奶奶們都是這樣互相稱呼），花謝了以後，最好把枝剪一剪喔。」「是這樣啊？那要用什麼當肥料？」「我家一直都是用菜籽油渣。用雞糞的話太臭了。」「我家有養貓，所以相比之下雞糞一點都不臭哇。」「貓就是可愛，我也想養隻貓，可惜孫子會過敏。」「太太，聽說針灸可以治過敏喔。」聊沒兩句就能偏離主題，對話可以無限綿延下去。

這是許多男性辦不到的事。我們既無法不透過工作與他人建立交情，也無法進行與工作無關的對話。我自認自己算是一個朋友多、人面廣的人，即使如此，要我跟路過的陌生人和藹可親地談論天氣什麼的，依舊不是我能駕馭的事。

我真心覺得，無論男女，若都能像大阪的婆婆媽媽一樣，不管是在電車上、馬路上、商店門口、學校裡，都能輕易攀談、輕易地分享盆栽就好了。但我們總是害怕某個看不見的什麼，為此感到不安，甚至恐懼。我以為大多數的歧視與暴力，都是來自這種不安和恐懼。我並不是想說，大阪的婆婆媽媽不會歧視任何人。我想表達的絕非如此（大阪對部落民、在日外國人的歧視也很嚴重），我只是覺得，對路過的陌生人談論關於盆栽的事，或互相交換盆栽的這類行為中，似乎蘊含著某些重要的什麼。

主動與人攀談這件事，雖然看起來沒什麼大不了，但在真正嘗試之前，常覺得並非是件容易辦到的事。然而一旦嘗試之後，卻又會發現其實就是這麼簡單。

不過，若可以的話，在攀談時，最好要有某個可愛的東西，或某個好吃的東西，在雙方之間作為緩衝。我自己有個理論，半開玩笑地取名為「火鍋理論」。舉例來說，當我對一個朋友說：「我們來聊一聊吧！請把接下來的時間留給我。」對方恐怕會感到焦慮而心生提防吧。但如果我是說：「要不要跟我一起去吃好吃的火鍋？」對方則很可能回說：「好主意耶，一起去吧！」

想要和某個人聊天時，最好用其他理由邀請對方，而不是直接請對方和自己聊聊。仔細一想，這還真是件奇妙的事。到頭來，一起吃火鍋的目的，就是為了聊天。那何必多個火鍋，直接聊天不就得了？

可是，人真的很害怕把彼此，赤裸裸地放在對方眼前。我們既不想盯著對方的眼睛看，也不想讓對方注視自己的眼睛。

我們為了不必看著彼此的眼睛，所以在彼此之間，放個小小的火鍋，當作注視的焦點。因為有火鍋夾在中間，我們就不必注視對方的眼睛，只要看著火鍋即可。沒有火鍋的話，我們恐怕就只能注視對方的雙眼了。當我們四目交接地注視著彼此時，就會變得說不出話來，不得不陷入沉默，而沉默又製造出畏怯和緊張。

對婆婆媽媽而言，盆栽就是火鍋，就是貨幣，就是語言。又或者，素燒的盆栽，其實與素燒土偶十分類似。親自照顧過花草的人就知道，花草是活的︵我並非在說理所當然的事︶。花草就在那兒笑著。

因為它們是植物，所以不會那麼捨不得送人。還有什麼比這更適合用來建立人與人的連結？因為它們在那兒笑著，所以有餽贈的價值。因為它們只是盆栽，所以不會捨不得送人。

前幾天，聽說那位土偶老師哭了，於是幾個非常親密的自己人聚在一起，跟她在鶴橋從凌晨三點開始大啖廉價壽司，暢飲日本酒。

土偶老師任教的朝鮮學校，正門旁有一個佈告欄。佈告欄上張貼著，他們從學生寫的短歌和俳句中，遴選出的優秀作品。某天，寫著那些短歌和俳句的紙張不翼而飛。

就在同一天，朝鮮學校的信箱裡，被人投遞了整整齊齊捆成一疊的細紙條。那些紙條，竟然就是學生們寫的短歌和俳句。只見他們的作品被人用美工刀之類的尖銳物切割成細細的條狀。其中，學生們署名的地方，都被整齊地割下來，還從名字的正中央垂直切成兩半。她說，每個名字全都被美工刀一刀兩斷。

「雖然只是個小細節，但對方大概是用美工刀沿著尺切割的，因為切割線都十分筆直，沒有一絲歪扭。」土偶老師連在這時候說的話，都這麼像個美術老師。

今天土偶老師也在燒著土偶，附近的婆婆媽媽也在一邊交換盆栽，一邊站著聊天。隔壁老奶奶送給我的盆栽，雖然蓬亂但仍生氣十足，土偶也靜靜地在我的餐桌上笑著。

從故事之外

我曾聽歷經過戰爭的人訴說他們的故事。

我任教的大學裡的學生每年都要自行舉辦一場活動，那年的主題是「傳述戰爭體驗」。他們邀來幾位歷經過戰爭的講述者，舉辦了一場演講活動。演講結束後，再舉辦討論會，讓大家在台上各自述說自己的想法。學生們委託我擔任討論會的司儀，我欣然接受。這場活動聚集了許多學生和教師。

活動當天，我們都提早到場，擔任工作人員的學生們，將這次的幾位講述者介紹給我。那時，我和其中一位男性講述者，短暫交談了一會兒。對方年事頗高，但十分健朗，我們在休息室喝茶，雖然是初次見面，他仍大方講了許多故事給我聽，直到活動正式開始。

據說，戰爭末期，他被派遣至南洋的小島上，與美軍抗戰。最後部隊被擊潰，而他奇蹟生還。

那位男性詳細而激動地描述了戰場上的情況，彷彿他正置身其中。當他說到一個和他交情深厚的戰友，在美國軍機的機關槍掃射下，當場陣亡在他面前的那一幕時，他落下了男兒淚。即使聲音已幾近嘶啞，他仍奮力地從乾澀的喉嚨深處擠出字句，繼續對我講下去。

到了正式上場時，這位男性在蜂擁而至的大批學生面前，滔滔地講起了剛才在休息室裡跟我說過的相同故事。

故事來到戰友陣亡的部分，他也如方才一般潸然淚下、聲嘶力竭地說下去。台下聽眾也聽得出神。

就在此時，坐在最前排的其中一名負責維持會場秩序的學生，忽然在那位男性面前舉起大字報，上頭大大地寫著「只剩二十分鐘」。

故事完全中斷。那位男性大吃一驚，雙眼瞪得老大，只有用細小而沙啞的聲音，喃喃地說了一句：「已經過了這麼久啊？」在此之前，他傾注全身之力，演說得慷慨激昂的故事，就此中斷。不知是十秒還是二十秒，中間停頓了一段相當長的空白。台下聽眾靜靜守候著，而他卻一句話也說不出來，只是難堪地沉默著。

不久，那位男性才又快速重回到故事的「軌道」上，彷彿剛才什麼也沒發生，繼續用和剛才一樣宏亮的聲音講述著充滿渲染力的故事。

活動結束後，我對那名學生只說：「在那種時機點，不能舉大字報。」因為對方是個認真的學生，想必是眼看進度落後，明明已大幅超出預定時間，但那位男性仍繼續說著自己的故事，才會焦躁不安地出此下策吧。

話說回來，那名男性講述者，多年來一直在各地的學校、地方集會，重複講述著相同的故事，照理來說應該深諳「演講現場」的狀況才是。對於時間不夠、途中被舉大字報的情況，應該已司空見慣，但他為何變得如此驚慌、混亂又窘迫呢？演講過程中十秒鐘的沉默，是非常非常漫長的空白。

當他在休息室裡和我單獨聊天，說到戰友陣亡的場景時，是真的流下淚來。在緊接而來的正式演講中，他面對座無虛席的聽眾，講到同一個故事的同一幕場景時，又同樣地流下眼淚。

說不定他每天都在日本各地大同小異的演講場合上，說著相同的故事，也在相同的場景，留下相同的眼淚。

此時，他是在「講述」著某個故事嗎？會不會他反而是受到故事的推動，進而化成故事本身，於是讓故事自己講述著自己？

神戶有個名為「人與防災未來中心」的機構，那是展示關於阪神大地震[11]的受災狀況與災後重建的資料館。其中還有以實際大小，重現震後受災街景的逼真展示。

在那裡，可以聽到擔任講述者的當地市民，描述那段過往。每年，我都會帶專題討論

11 譯註：一九九五年一月十七日重創日本關西的強震。

課的學生前往觀摩。某年參訪時，聞及一位女性講述者提到鄰居幼童往生的故事，在場的學生們紛紛落淚。

那是一個非常心酸的故事，當時我一邊傾聽，一邊想著，要反覆將這樣的故事說給別人聽，一定是一件十分難受的事。

結束後，我向講述者道謝，同時問了她：「不只經歷了這樣的事，還要將這個經歷，一而再、再而三地說給別人聽，應該是一件很辛苦的事吧？」

那位女性聽到我的詢問，反而露出困惑的神情。或許是自己的辛苦或難受，相較於將這些故事傳達給世人的重要性，根本算不上什麼吧。

也許當我們經歷了某個震撼的變故，並試圖向他人轉述該變故時，我們就會化為故事本身。故事依附在我們身上，透過我們說出自己。於是，我們自那一刻起便化身成故事的載體或容器也說不定。

故事是有生命的，被劃破時，會流出汩汩鮮血。那位男性在述說途中被打斷而陷入的沉默，是故事被劃破時所發出的無聲悲鳴。

或者，他在那一瞬間，來回往返於一九四五年的南洋小島，和二〇一三年的大學校園之間。在他耗時數十秒，飛越那段時間與空間的距離時，沉默主宰了他。

不過，那麼震撼人心的故事，跟我們平日說的話，其實並沒有多大的差異。

不僅如此，塑造出自我、成為自我的基礎的故事，也不只一個。歸根究柢，所謂的「自我」就是許許多多故事的集合體。世界上有著各式各樣的故事，有的輕、有的重，有的單純、有的複雜，我們就是將這些故事組合起來，塑造出所謂「一個」自我。

更進一步來說，我們不僅透過搜集故事，塑造自己。我們也透過搜集故事，來理解這個世界。某個行為或狀況，我們會在每個當下，定義那究竟是一場愉快的喝酒聚會，還是一個惡質的性騷擾。我們將各式各樣的故事及「敘述方式」聚集起來，打造出「一個」世界，並加以詮釋。

我們時時刻刻都像這樣搜集著各式各樣的故事，但這件事並非總是順利。故事是有生命的。它會從我們的手中掙脫，背叛我們，篡奪我們，朝我們不樂見的方向重塑。因為故事是活的。

我曾私下向一處自治組織詢問，居住在當地一個狹窄公寓裡的某個家庭的事。

一家人中，年輕的丈夫是黑道分子，會對家人施以嚴重暴力。妻子則是利用交友網站從事個人性的賣春，她會將兩個年幼的兒子趕到隔壁鄰家去，自己在家中接客。

兒子們都是妻子和前夫生的小孩，妻子再婚後，他們便遭到繼父慘無人道的虐待。詳細情形就不再贅述，總之男子因為對孩子們施暴，遭到逮捕，鋃鐺入獄。妻子則是丟下孩子，不知去向。無依無靠的孩子們被安置在相關的機構中。

就在他們一家分崩離析之際，自治組織接到了來自其他住戶的抗議。提出抗議的住戶就住在這一家人的正下方。

似乎是那一家人的屋子成了垃圾屋。屋內孳生出大量害蟲，害得樓下住戶的天花板出現黑斑，黑斑附近還飄蕩著一股惡臭。

自治組織的人只有跟我說到這裡。

幾個月後，我再度見到許久不見的那位自治組織的人，這時才聽說那一家人住處的後續情形。

父親入獄，母親人間蒸發，孩子們由機構安置，屋子已無人居住，但之後反覆接獲好幾次關於惡臭和害蟲的抗議。於是，自治組織的人，在公寓管理公司的陪同之下，用備用鑰匙打開那間屋子的門。

此時，他們看到的是一間沒有任何家具，裡頭空蕩蕩的乾淨屋子。

也許純粹只是樓下住戶的誤會而已。既沒有真相大白，也沒有戲劇性的情節，就只是如此。但即使如此，這個未曾親眼看見，只有耳聞的「空蕩蕩的屋子」，卻不知為何在我腦海中留下了鮮明的印象。

雖然這類事情時有所聞，但故事到半途為止，依舊讓我聽得內心十分沉重。暴力、貧窮、虐待、賣春，再加上垃圾屋。這一連串「家庭解體」的故事，不只我相信了，所有聽到的人都接受了這樣的一個故事。

這個故事不過如此而已，真的沒什麼大不了的。但聽到故事的最後，卻有種一顆心被懸吊到一半，突然被留在半空中、棄置不管的感覺。那種感覺我至今仍無法釋懷。

也許我不該試圖在這麼無謂的故事中，過度解讀「無意義」的意義。但這整個故事，就是令我找不到焦點，無論再怎麼努力，都無法描繪出一個明確的意象。

我們自己與我們的世界，不僅會說故事，更是由故事所構築而成。有時，這些故事會因為忽然被打斷而撕裂。有時，故事本身會自打嘴巴，和其他故事發生糾葛，最後產生矛盾。

故事就像「一副絕對摘不下來的眼鏡」，所以我們無法自故事中解放出來，無法從旁觀的角度，來面對自己與這世界最真實的模樣。然而，當故事被打斷、被撕裂、產生矛盾的時候，存在於故事之外的「某個什麼」，或許正悄悄地窺視著我們也說不定。

FFEE

街頭的卡內基音樂廳

大阪、西成、新世界。街頭的吉他彈奏者。定居大阪至今長達六十年。街頭演奏長達二十年。

——你做了多久？

呃，這是彈興趣的。我十歲開始，就把吉他當興趣彈。（現在）八十囉。後天生日就八十歲囉！

——你什麼時候開始在街頭彈奏演歌的？

這個啊，我六十歲不開計程車。不開以後，從六十、五十五左右開始的啦。

每個月開十三天，開計程車。隔天，還很有精神，就會到這裡來彈。彈好玩的。結果，勞工朋友都跑來聽，旁邊坐了五、六個人。有時候還可以賺到七、八千日圓。

那時候，我就對他們說，喂喂，去吃點東西，拿這些錢去喝點東西，然後我就回去了。他們說：「那後天也麻煩你囉。」（笑）後來呀，遇到警察，剛好那裡的派出所就在下面。然後，那警察說，老師不行在這兒彈啦。結果，勞工朋友都生氣了，說什麼「這不是要害我們沒飯吃嗎？」（笑）

我還遇過這種事呢。

因為這樣，我就想說，都被人家這樣講了，算了，不彈了，嗯，不彈了，換到阿倍野去彈。然後，就換到阿倍野去了。然後，從六十歲開始待在阿倍野。到七十五歲……彈了十五年左右。

一開始的聽眾，有時會來這裡，經過時就說：「大叔還在彈啊！」（笑）還問我記得他嗎？我就說忘了忘了（笑）。

——所以你來這裡（新世界）五年左右了？

才三年左右吧。阿倍野開始施工了啊，好一陣子。所以就沒法兒彈了。

——你一直都有在練吉他嗎？開計程車的那時候也有在練嗎？

有啊有啊，不就放在車子上嗎？後車廂裡，放在車上。沒事休息時，也會拿出來練習。長程的客人啊，有時候也會給我載。載到京都後，他就說：「大叔等一下，來二樓彈一下吉他吧。」（笑）我就會說：「先生，我可是在工作耶！還在工作中！」他就說：「那我付你回程的車資好了。」這種事也常常發生啊。

在阿倍野彈吉他時，有個專業的行家問我：「為什麼要用這種吉他？老師，你跟我去一趟難波。」我就去了。

然後那個客人說，我們去樂器行，我就跟去了。他說：「大叔喜歡哪個，喜歡哪個儘管說。」但說了又怎樣？你說是不是啊？他說：「這兒有Martin、Gibson，各式各樣的好吉他。」我才一說，像那個Gibson的啊、像那個Martin的啊，感覺真不錯。他就說：「喔，就那把了。」四十二萬日圓，現金！他用現金買給我（笑）。不騙你，那吉他還在我家。我放在家裡了。

後來他又來這兒，給了大叔我兩萬日圓。說什麼「兩萬日圓，不好意思，我在難波開了間酒館，你可不可以來一下？」前兒個我才去的。

——可以認識到各式各樣的人嗎？

可以可以。所以我才要彈哪，因為很有趣哇！真的有各式各樣的人，還有些奇怪的人。

——沒有不愉快的事嗎？

偶爾會遇到古怪的醉漢。偶爾啦。

——你從來都沒有學過吉他嗎？

沒有！可是，等等，我是有想過，像這樣在街上彈吉他啊，也不知道會有什麼樣的高手經過，像這樣有不太懂的地方還是得學一下。

我在大阪去過五、六家（吉他教室）吧。去是去了，但對方也說，你雖然是自創彈法，但也彈得很好，就照你的方式彈，對方這樣說。就像這樣。

我說，喔這樣子啊。然後向對方道了謝，就沒再去了，我對自己有了自信。唉呀，既然連老師都這麼說，所以我也開始覺得我是日本第一。

不過，我每天開計程車時，因為是開一天休息一天，所以我從來沒喝過酒，啤酒、什麼酒都不喝。我就是沒喝過酒，但為了學歌曲，還是會去酒館。每天都去！

酒館可不是讓你喝茶的。跟他們買一瓶一萬兩千日圓的威士忌。倒這樣子（只有一點點）在杯子裡，倒威士忌。然後倒這麼多可樂。我都叫它「可樂高球」（コークハイ）。沒想到還真好喝，只有一點點、一點點味道。

一邊喝這可樂高球，一邊聽歌，聽聽別人都唱什麼歌。

後來，以前在這一帶走唱的人，還來向我拜師學藝。然後，走唱的人甚至會像這樣來找我。現在在大阪城彈吉他的，那個學我的（笑）。他是以前在阿倍野彈吉他的人。

拜我為師的人，到現在為止大概十六個人，還有人回九州，在九州的車站前彈吉他。

像這樣呀一直彈。像這樣呀，不過，我啊都是彈好玩的。所以說，年紀慢慢大了，現在常常說要退休。

啊，這人生還真不錯，一路玩樂到現在，幾乎啦（笑）。然後我娶了老婆，一起生活，在孩子三歲時生了第二胎，又生第三胎。真是傷腦筋啊，小哥（笑）。因為這樣，這個（錢）花得可凶了，非常（笑）。就因為這樣。

——你沒想過把這個當飯吃嗎？

說什麼話，誰會想啊！這種事是玩樂，現在不也是在玩樂嗎？笑話，我才不相信能靠這種東西填飽肚子。不過，也有人像這樣彈吉他，我徒弟，他是要靠這個維生，但這樣的人就難囉，難哪。

所以啊，到現在為止，彈了二十年，這樣算起來，在我死後也算是可以安慰我的在天之靈了。

說真的，我現在認識的人，這樣不已經有五百萬人了？以後我死了，要是有人提起，曾經有我這樣一號人物，不就能安慰我在天之靈了嗎？

——大家都會記得大叔的。只要經過這兒就會想起你。

所以我才這樣想啊。

——**還早得很呢！大叔還可以再彈個二十年。**

不行不行，只能再彈個五年。已經愈來愈吃不消囉。不過，以前務農，扛過米俵[12]，腳還很健壯。我看哪，我應該會很長壽。我媽活到一百零五歲吧。我爸是九十五歲。我想我到九十五歲，應該都還活著。不過，躺在病床上的話，可就沒戲唱了。

——**太太幾歲了？**

同年。還活蹦亂跳的。「孩子的爹，你坐在那種地方真難看。」（笑）她絕對不會來這兒。裝不認識啊，她一個月會經過這兒一次，然後都裝不認識。不過她還是說：「你愛做什麼就去做什麼吧，畢竟都這把年紀了。」（笑）

老實說，我也想過說，開一個這種，像是卡拉ＯＫ咖啡廳啦、有現場演奏的餐館什麼的，租個店面自己做。我也有想過啊。有現場演奏的餐館之類的。想歸想，但又……你說是不是？來的客人就那些，沒啥了不起的，對不對？別說賺不了錢，連人都認識不了幾個。

我還是比較喜歡這樣，因為我想認識各式各樣的人。我這個人哪，就是有點不正經（笑）。從年輕時就是喜歡當個受矚目的人。

我在鄉下啊。我本來是在鄉下務農的。所以，就在日本戰敗那時候，我爸買了把吉他給大哥。大概是大哥說他想要的。（大哥）一開始有在彈，但後來被我偷偷拿來玩，我就是從那時候開始練吉他的。

只是當作興趣，坐在緣廊[13]上彈，鄉下的緣廊上。我老家剛好有留聲機那一類的東西，所以說我就開著留聲機呀，邊聽邊彈。學了一些曲了，以前的老歌。

——調音、指法之類的怎麼學？

啊，那個啊，那個是自然而然。不是玩久了就會慢慢知道了嗎？就會發現，啊，原來這樣就是鋼琴的Mi呀。這麼一來，只要找到這個Mi就行了。然後，大部分都是聽聲音就能記住。

---

12 譯註：裝米的圓筒形稻草編米袋，一袋六十公斤。

13 譯註：日文為「緣側」，日式建築外側加寬的走廊，只有屋簷，但無對外的牆面，是一種既非室內也非室外的曖昧空間。

——**你十歲時彈的是什麼樣的曲子？**

那個時期啊，那個時期反而是一些老歌。有彈過〈溫泉鄉哀歌〉之類的歌。就是演歌，道道地地的演歌。

（路過的大叔走了過來。）

喔，香菸嗎？只能拿一根喔。

（對方拿了兩根離開。）

然後，十八歲來到大阪。

——**十八歲就來到大阪。來工作嗎？**

畢竟我是家裡的三男啊，家裡不要的啊。只好自己出外打拚了。

小學讀六年，接著新制中學，念了三年。那時十六歲吧，快要十七歲的時候。然後畢了業，然後我爸就說，你是三男，留在家裡沒有用，因為不是你要繼承家業，你啊，得到大阪或東京去工作。

我就說，我要去東京，於是買了到東京的車票。

——一開始是先去東京嗎？

沒有沒有，我買了到東京的車票，從鄉下出發。結果，不是要花上好幾個小時嗎？搭火車嘛。

對對對。然後，大阪的方言有點難，發音上。我想說，東京的話，發音有氣質又標準，比較容易聽得懂。就想說，那我買到東京的車票好了。

於是晚上不知道是幾點，大概是深夜一點左右吧，開到了大阪。到大阪時，我一看，哇！……畢竟我是個鄉下來的土包子嘛。我想說，哇，這麼多燈亮著，這地方真是大啊。

心裡有個聲音告訴我：「快跳車！」我就下了車，中途下車。然後，就沒辦法啦。要到東京的話，從這裡還要再花上兩倍以上的時間。也罷，既然想下車就下了車，我的運氣就到此為止了。

我從大阪車站搭上計程車，問說：「不好意思，司機先生，哪裡是大阪最有趣、最熱鬧的地方？」就這樣坐上車，然後他載著我，從道頓堀到難波。

然後，我想說，我得學學大阪話了。想學地方話，還是打麻將最快，於是就進了高島屋百貨公司旁的麻將館，開始打起麻將來。

結果啊，那裡的人全是高手。所以我當然是一直輸錢囉。這樣持續了大概有一年。而且我還是住在旅館裡。我是一邊付旅館的住宿費，一邊打麻將的。

後來，麻將輸了大概一年，那個老闆，就是那裡經營那家店的人，麻將館的。他就對我說，你年紀輕輕一直輸錢，錢要從哪裡來？你就在我這兒工作吧。

然後，我在那兒工作了一年左右。就在那時候，那個每天來（附近的餐館）吃飯的女孩子來了。是啊。對。後來，我問說，妳哪兒人？她說，我都來這吃飯，當然是大阪人啊。我就說，這樣啊，那妳能不能教我大阪話？她說，可以啊，你是哪兒人？我說，鄉下來的。

最後，我說飯錢就放在這了，然後一下子，我一下了放了個一萬日圓。她可驚訝了！那時的一萬日圓，貨真價實在眼前，她驚訝地說：「哇！大叔，謝謝你。」後來，她問我要不要去她家一趟。就是去我太太的家鄉。那地方現在還在。她問我要不要去那兒，我就去了。然後也見了我後來的丈人。

那時我連租房子都不知道。於是，丈人叫我去租個文化（住宅）。於是，我租了個文化，那些大錢全都由我來出，跟丈人借來出。是啊。然後就租了下來。然後成了家。

於是，我想說開巴士好了，觀光巴士。可我這個人生性就是閒不下來（笑）。所以想說去開計程車吧。於是就開計程車去了。就這樣在那裡待了十五年左右吧。後來又到另一個地方待了十五年，一共三十年。

（一個打扮成女高中生的三十多歲女性，跟一個男人牽手走過來。）

——**有客人來囉。**

那個無所謂，年輕人聽不懂（笑）。所以說……啊，小姑娘。

小姑娘，大叔作了一首年輕人的歌，要不要聽聽看？這個啊，這裡的老歌（寫在立牌看板上的演歌曲目）你們聽不懂。因為這些都是以前流行的歌。

所以說，大叔會替年輕人作一些歌。我唱那種歌給你們聽。

要唱哪一首好呢？有很多首。年輕人要唱年輕人的，也有男生的歌。很多歌呢。要先唱哪一首歌好呢？唱一首我一看到你們就想到的歌好了。大叔會這樣馬上想出歌來。

（即興的歌曲）

我來到新世界

今天和她來約會

……像這樣，現在立刻作出來的歌。

（歌曲）

我們要幸福喔
從通天閣
到阿倍野橋　新世界
肩並肩走過

春天到來　路上處處花開
我真中意　大阪　大阪　我真中意
在這城市　在這城市　一直活下去！

……大叔因為感冒了，真抱歉。大叔在你們這個歲數時啊，談過戀愛，跟五個女人。一定要認真，可不要搞七捻三。

不可以離開這個漂亮的小姑娘。（女性：「謝謝你！」）

（那對男女離去時沒有在前方的箱子裡投錢。）

我也不好意思對他們那種人說要留下錢來哪（笑）。

離與歸

無論到哪，我們總是無處容身。因此，我們老想離開目前所在之處，到其他某個地方去。

關於「容身之處」[14]這個主題，早有各式各樣的探討，也被大家說到爛了，但它還是會讓我們不禁一而再、再而三地回到原點，重新思考這個主題。當容身之處變成問題時，一定是「失去它」或「得不到它」的時候，所以容身之處，必然是以否定的形態存在。當我們待在自己應該在的容身之處時，腦中根本就不會浮現容身之處的問題。容身之處成為問題時，僅限於「沒有」容身之處的時候。

被稱作「少數族群」、被稱作「當事人」的那些人，更是如此，但連我們這些多數族群，也就是所謂的「一般市民」的人，基本上也全都活在沒有容身之處的感覺中。只有腦中被工作、家人、人際關係的問題占據時，只有忙於雜務無暇思考時，我們才能忘卻容身之處的問題。對我們而言，容身之處只有可能是兩種情況：「沒有容身之處」或「暫時忘記這個問題」。

無論身在何處，和誰在一起，我們都無處容身。即使和家人或情人在一起，也是如此。所以，我們老想著要到某個地方去。而實際上也有許多人，真的朝外面的世界踏出了一步。

14 譯註：日文為「居場所」，指自己的存在之處，除了物理上的存在之處外，更延伸至心理層面，多指能讓一個人感到有立足之地、容得下自己的地方。

我很喜歡電影《侏羅紀公園》中的一句台詞——「Life finds a way」。生命總有一天一定會找到「路」。那是讓自己生存下來的道路，也是讓自己從這裡離開的門扉。

我專題討論課的一個女學生，老是哭著說自己無處容身。畢業後，她進入一間很有保障的公司，卻在轉眼間辭去工作，到澳洲打工度假，過了一年，她又立刻離開澳洲，如今在世界各地流浪。新加坡、泰國、緬甸、印度、尼泊爾、孟加拉國、杜拜。此刻不知又身在何方。我在心中默默地對她說著「加油」。

不需要實際去往哪裡，其實也能找到「出口」。每個人都有一扇「向外打開的窗口」，藏在某個意想不到之處。以我個人而言，書本就是我的那扇窗。我想應該有很多人跟我一樣吧。

四方形的紙本書，恰恰就是一扇向外界打開的四方形窗口。所以，大家只要讀書，就算實際上一直待在家中，或從未離開過居住的城市，也能感覺得到有一個不屬於這裡的「外面」，而我們可以任意地打開門扉，去到任何地方。當時機成熟時，我們就會打開真正的窗戶、真正的門扉，朝自己想去的地方啟程。

幾天前，我在某個城市認識了一個身為單親媽媽的酒店小姐。她在老街出生長大，周圍盡是不良少年，國中時期的好友，沒一個念到大學，豈止如此，其中半數以上，連高中都沒畢業。她自己也在國中時輟學，和那些朋友們到處閒蕩，過著連家都不回的生活。

她先是在鬧區，替風月場所做招攬客人的工作，後來在機緣巧合下，接受別人的挖角，成了那一區最頂級的酒店的女公關。於是，一流大學畢業的大企業幹部、擁有黑卡的實業家，成了她在那裡招待的對象。

許多女性在那樣的地方，認識了那樣的顧客後，就會請對方出資贊助自己開店，或者更直接地，就會選擇成為對方的「情婦」，但她看到店裡的這些客人，反而開始想說，自己也要成為那個世界的人。

現在，她為了先取得高中畢業資格，而在高中夜校念書，同時也在進行一些活動，支援單親媽媽或從事「夜生活工作」的女性。

對她來說，夜生活的工作，成了她對外打開的窗口。

夜生活工作是好是壞這個問題，世間大概有各式各樣不同的聲音，不過這件事，只是單純地讓我感到，窗口真的是無所不在。這會兒，書成了窗口；那會兒，人成了窗口。我想對許多人而言，音樂也是一種窗口。有時，這些窗口會半強迫地，把我們帶向一個我們不曾想像過的地方。

踏出現在的所在之處，往外頭走去，這麼做雖然能帶來強烈的解放感和自由感，但同時也經常會伴隨著孤獨與不安。所以，我們偶爾會產生回去的想法。雖然有些人有處可歸，有些人無處可歸。

離開所在之地而獲得自由的故事，有多吸引我們，回歸原本所在之處的故事，就有多吸引我們。

我有個朋友是一名年輕女性，她的父親是日本人，母親是菲律賓人。她最近交了一個日本男友。

她的菲律賓人母親及其兄弟姊妹，大多數都不住在菲律賓。他們分別到美國、南美、歐洲、亞洲，以及日本工作，並定居當地。每個人都與當地人共組家庭，努力賺錢，寄錢回老家。拜這些兄弟姊妹所賜，住在菲律賓的祖父母，才蓋起了自己的房子。

據說，她的母親和散落在世界各地的兄弟姊妹們，會在某個特定的日子，全員回到菲律賓的老家團聚。每五年，他們會選出這一年的某一天，到了那天，無論如何，兄弟姊妹們都一定會抽空從世界各地回老家團圓。

兄弟姊妹各自在移居地，建立了自己的家庭，到了這一天，他們都會帶著新家庭中的所有成員，一起回到菲律賓，聚集成龐大的人數。經常性的全體團聚，難度太高，所以他們決定團聚的日子只要五年一次就好。

她的家人也會在那一天，從日本前往菲律賓團圓。今年，她還要帶著自己的男友一同前去菲律賓。

散落地球各個角落的一家人，各自在移居地建立家庭，然後帶著新的家人，全體一起回到出生長大的那個家。雖然已無法再像兒時一般住在一起，但每隔五年團聚一次，只有這一天會變成比以前更加龐大的家庭，大家一同吃吃喝喝。然後，又再度向世界各地分散而去。並約定五年後，再回到此處團圓。

我聽到這個故事時，立刻想起了手塚治虫的《火之鳥．望鄉篇》中出現的情節。由於地球變得愈來愈擁擠，於是移民們乘著火箭離開地球，飛向太空。但移民們在那裡也繁衍出眾多人口，結果大家又一起返回地球。

雖然，《火之鳥》的結局是悲傷的，但這個「五年一聚大家庭」的故事，卻十分幸福。有處可歸的人是幸福的。這世上，有些人是暫時歸不得，也有不少人是再也無法回去，甚至還有些人根本無處可歸。

宜野灣距離那霸鬧區有一段距離，是個有點偏僻的地方。有一個當地的朋友，曾帶我去一間那裡的酒館。雖說地方較偏僻，但酒館也不至於破舊簡陋，只是孤伶伶地坐落在沖繩寧靜的住宅區中。一走進酒館，就能看到一個年輕的菲律賓女孩，站在吧檯內側。我記得她的名字是瑪麗亞。

瑪麗亞是個十分「豐腴」的女孩，開朗又樂天，給人一種不愧是菲律賓女孩的感覺。聽她說著各式各樣的故事時，不知怎地她忽然哭了起來。

「我已經九年沒回過家。我住的地方很鄉下，是在離馬尼拉很遠的一座小島上。家人都在那兒。我有七個手足，我是老大，為了照顧下面的弟妹，才來日本工作。起初是在川崎[15]的菲律賓酒吧工作。很快地就和一個常客結了婚。剛好那個男人是沖繩人，所以就跟他一起回到沖繩來。」

回到沖繩後，那個男人馬上就連工作都不做了。情非得已，瑪麗亞只好再次開始在酒店上班。後來又歷經了離婚等種種變故，我去的時候，她正好在那家店工作。

「前陣子，我家最大的弟弟考上了菲律賓國內的一所大學。所以，我必須幫他籌學費。所以，我才在這家店努力工作。媽媽桑人也很好。可是我好想回家。好想見（真正的）媽媽。」

就在那時，酒館的門被推開，幾個常客大叔一擁而入，其中一個大叔，突然一把抓住瑪麗亞大大的乳房，說了一句：「妳又變胖了齁！」就大笑了起來。瑪麗亞也邊笑邊推開

15譯註：位在神奈川縣，與東京都只有一河之隔。

他的手，走進吧檯的尾端，去找大叔寄放在店內的泡盛酒。[16]

很久以前，已經是二十年前的事了。某段時期，我曾短暫在大阪做過領日薪的臨時建築工。當時，在某個建築工地，我總是跟一個大叔在一塊兒。某天午休，吃完四百日圓的難吃便當後，我一邊吸著菸，一邊不經意地聽著他說話。「我好想回家。」他突然脫口而出。「那就回家啊，工作馬上就結束了。」「笨蛋，不是那個家，我是說我出生的家。」「啊，那個家啊。老家啊。」「是啊。」

當時，那個大叔年紀大概五十五歲以上，或六十歲前後，他說他已經超過三十年沒有回過老家了。他唯一記得的是姊姊家的電話號碼，「颱風或地震來時，我偶爾會偷偷打電話去，問說還好吧。」

現在，我不知那個大叔是生是死，但我想那之後，他恐怕也不曾回過家鄉。

大約十年前，我曾經在那霸搭到一台計程車，開車的司機大叔說：「我是奄美[17]的人，沖繩不適合我。」日本本土的人可能會覺得，這兩個地方都差不多，但奄美和沖繩之間，其實有著相當複雜的關係。

那個大叔出生在戰爭時期的朝鮮半島上。他的雙親都是奄美人。戰爭在他還小時就結束了，但他身處的所在之地，變成了「北韓」，他說「那時受到朝鮮人殘酷的對待」。韓戰爆發時，他們終於撤回日本，回到奄美。對他而言，那裡是他「第一次見到的故鄉」，但短短數月之後，他就前往當時同樣被美軍占領的沖繩本島工作。他說，當時的那霸正處於經濟突飛猛進的時期，因此有大量的工作機會。

然而，一九五二年，他來沖繩沒多久，奄美就比沖繩早一步交還日本。他成了一個被遺留在沖繩的「日本人」，在受美軍掌控的沖繩，被當成「外國人」對待。我想，那之後他應該又經歷了許多遭遇。沖繩回歸日本後，他仍定居於那霸，直至今日。

16 譯註：沖繩特產的蒸餾酒。
17 譯註：位在沖繩群島北方的群島，隸屬鹿兒島縣。

那個大叔在朝鮮出生，人生中絕大部分的時間，都在沖繩度過。待在奄美的時間，只有短短幾個月。

開車途中，大叔反覆不停地說著：「我是奄美的人，沖繩這裡我住不慣。」

除了待在奄美的那幾個月外，七十載的歲月，他大概都是以「外來者」的身分而活吧。

我們推開窗戶，推開門扉，向著不是此處的某處飛奔出去。後來，有些人回到原來所在的場所，有些人則再也不曾歸去。

在這樣的旅程中，有時我們會來到某個不一樣的地點，並且知道，若從這兒再繼續前進，就有可能再也回不去原來的地方。這種經驗偶爾也會發生。

年輕時，我曾經踏遍沖繩的每座島嶼，在那些島嶼獨自從事閉氣潛水的休閒活動。在沒有熟人、沒有朋友的離島上，若不從事閉氣潛水的話，就會無所事事，所以我明明不會游泳，還是戴上面鏡、咬著呼吸管，拚死拚活地獨自潛入海中。

有一次，我在石垣島的白保潛水。當時颱風剛過，風強浪高、水流急勁，而且海水混濁，能見度也頗低。

我在水深五公尺左右、接近暗礁之處閉氣潛水，霧茫茫的近海水域的深處，突然有一隻體長超過一公尺的巨大海龜現形。

在沖繩海中遇到海龜或鯊魚並不罕見，在那之後，我也遇到好幾次，但那次是我第一次遇見，因此心臟不禁鼓譟了起來。海龜緩緩地轉了一圈，再次朝近海水域的深處游去，我下意識地跟了過去。

游到近海水域的頗遠之處，那隻海龜忽然回過頭來，和我四目交接。我頓時回過神來。差點就要游到一個再也回不來的地方去了。

我還不想死，所以拚命地往岸邊游，這才發現自己已經被海流帶到遠處，正身處距離最初的海邊相當遙遠的另一端。

同一時期，我喜歡一個人深夜散步，我可以在大阪的街道上，走上好幾小時。雖然人阪的市街既熱鬧又燈火通明，但當時我住在淀川的河畔一帶，到了夜裡寧靜又漆黑。

我經常在這樣的地方散步。有一次，我在一個黑漆漆的巷弄中，看到前方有一個老人，逐漸朝我靠近。

在一盞盞距離遙遠的街燈照射下，彼此之間的距離一點一點地縮短。

當那個老人來到我眼前時，我才發現，他竟是一絲不掛地全裸。他的手上拿著一個小小的木臉盆。

現在想想，裸體走去大眾澡堂洗澡，其實既合理又省事，但在那當下，我嚇到連心臟都差點停止跳動。

那時，我還頗為認真地以為，自己是不是差一點點就要被帶到某個，再也回不來的地方了。

ナショナル
テレビ
松下電器販売店
山下デンキ商会
TEL72-0351
ユキ美容室

笑與自由

日前，某個地方議會中，一名男性議員以言語奚落女性議員，因為其發言內容已然構成嚴重性騷擾，在媒體大肆報導後，便遭到外界嚴厲抨擊。不過，那時令我印象深刻的是，那名女性議員被對方用言辭調侃時，嘴角卻露出微微的笑意。

我一直在思考，那到底是什麼樣的笑意？

無論在工作上或私生活中，我都必須和各式各樣的人來往。透過自己的研究、教育，或經由社會公益活動，我經常會結交到一些正在推動少數族群、歧視問題、人權等相關活動的朋友。

其中一位令我由衷尊敬及信賴的朋友，一位在日朝鮮人[18]男性，他總是在嘴巴上說一些不入流的話。詳細內容實在不適合寫在書中，但很多都是非常有失體統、自貶自抑的話。例如，當我的手機傳來訊息時，拿起來一看，上面竟寫著：「你好，我是來自北韓的間諜。」在有失體統之前，常常根本就是讓人笑不出來的冷笑話，令我不知如何回應。因此，我多半只能支支吾吾、含糊其辭。尤其我又深知他平日對社會議題的態度，是多麼地認真、踏實與一絲不苟，因而更令我窮於應對。

沖繩有位學者在美軍機地問題、沖繩島戰役的研究上，非常出名。我曾向他請教關於「內地留學」的歷史。在歸還日本前的那段時期，前往日本本土的大學或研究所深造，這在沖繩被稱為「內地留學」或「本土進學」。在那個時代，他們還需要用到護照才能來到本土。有那麼一次，那位學者的家人和親戚，千里迢迢地從沖繩前來本土見他，當時約在東京

18 譯註：指居住在日本的南韓籍或北韓籍人士。

的鬧區碰面。他說：「那時，對面走來一群人，一個個臉都跟黑炭一樣，我才在想說，他們是從哪裡冒出來的土著，結果就是我的家人欸！」語畢，他自己哈哈大笑。我只好擠出模稜兩可、裝傻充愣的笑容，輕輕乾笑兩聲。

內人齋藤直子在做的，是部落民問題的研究。據說，有次她和關西某個被歧視部落的青年會的人，同車前往他處，當車子行經另一個被歧視部落時，青年們一邊說著「好像臭臭的」「哪裡臭臭的」「這裡是部落吧」「這裡就是部落啦」，一邊哈哈大笑。

雖然由於工作因素，我經常接觸到關於部落民或沖繩的故事，但這樣子的笑法，當然並非只有關係到特定歧視問題或社會問題才會發生。這種笑法，真的無論走到哪，都隨處可見。

我是個生不出孩子的人，因為我患了重度的無精子症。還記得某次，內人從醫院帶著檢查報告，哭哭啼啼地回到家中，我一邊聽她解釋一邊走神，漫不經心地想著：「原來我很安全，早知道結婚前應該多玩玩的。」

不，不對，正確來說，我當時的想法是：「我可以拿這件事來跟人開玩笑說：『原來我很安全，早知道結婚前應該多玩玩的。』」那時，閃過我腦海的，是如何把這件事拿來當成一個笑料。

在第一時間，下意識地、瞬間地，把那消息當成笑料看待，才讓我撐過了那件事帶來的打擊。當然，我至今仍找不到方法說服自己「釋懷」。但我們能做到的，便是將人生中怎麼也無法釋懷的事，以嘻嘻哈哈的方式帶過。未必一定要向誰說出來，就算只是在內心自我嘲笑，也能讓我們勉強和那件完全無計可施的事，相安無事，和平共存。

雖然那是一種只限於那個當下，短暫、一瞬間的行為，但唯有透過將這些瞬間，一個個串連起來，人生這場旅程才走得下去。

順帶一提，我偶爾會在上課或演講中，提到自己的私事，也會跟台下的人說：「知道那件事時，我就在心裡想：『原來我很安全，早知道結婚前應該多玩玩的。』」但至今從來沒逗笑過任何人。

我們被我們的人生綑綁著。我們無法從一開始，就對自己的人生進行挑選，只能依著某種不可理喻的前因後果，出生在某個特定時代的某個特定場所，被囚禁在擁有各種「不完整」的這個稱為「我」的存在中，度過一生。這個沒得挑選並且只能活著走完的人生，經常壓得我們喘不過氣。

當人因某個什麼而感到受傷，或被某個什麼傷害時，就會先陷入沉默。用力地忍耐並撐住。或者，反射性地發怒、咆哮、駁斥或瞋目怒視，有時甚至拳腳相向。

但，我們也可以笑。

無論是在難熬時，反射性地笑出來，或是以當事人的身分，做出自我貶抑式的嘲笑，我想，這兩種選擇，都是人類的自由。人的自由，跟那些人的無限可能、偉大的自我實現之類的議題都毫無關係。人的自由，不存在於那種雄偉、英勇的故事中。

至少我們在最難熬時，還保有笑的自由。就連處在最艱困難熬的狀況之時，我們也擁有不被那狀況困住的自由。「人是自由的」，這不是指我們擁有眾多的選擇、眾多的可能性，而是當我們被逼入現實的死角時，還有最後一樣東西留在那兒，沒有被剝奪。那就是所謂的自由。

這不只發生在當事人身上。語言不單單是工具，語言有血有肉，被劃破就會淌血。當一個人將那些語言「接收下來」時，他就不再是事不關己的他人。

傾聽一個人的故事，就是踏進一個人的人生之中。

聽到悲慘故事而笑的這個習慣，我一直改不了。最近，在貧困地區等進行各種援助活動的人，經常對我說：「我遇到一個岸先生應該會喜歡的故事。」往往聽完之後，才知道是充滿貧窮與暴力的悲慘故事。「其實我也沒有喜歡這種故事啦……」好像是因為我在聽那類故事時，經常不自覺地邊聽邊笑，所以才遭到誤會。

很難說明那是一種什麼樣的笑。當然不是聽到悲慘故事，就加以譏笑的那種笑。但那種時候，我總是會反射性地發出短而尖利的乾笑聲。

我聽到他人受苦的故事時，當對方遭遇愈悲慘，我就愈不想輕易落淚或生氣。或許受到悲慘故事翻攪的情緒，最後找到的出口，就是化作笑聲脫口而出。

有一本名為《自殺》的書，出自作家末井昭之筆。末井的母親，年輕時和情夫以炸藥殉情。他的母親被炸成了碎片。有段時間，他一直不敢將這個經歷告訴任何人。但某次他鼓起勇氣，說給作家篠原勝之聽，結果篠原邊笑邊聽他的故事。從此，末井對於說出那件事，就不再感到如此沉重。

我並非想表達我的笑和篠原的笑一樣。我只是在想，那時候篠原勝之如果是「刻意地笑了」，結果又會如何？恐怕是讓末井受到更深的傷，從此再也無法向任何人說出那件事，而那本出色的作品，也不可能誕生了吧！

雖然只是我個人的猜測，但我想，篠原勝之既非嘲笑這個故事，也不是覺得那是個有趣的故事。只是聽到那樣的故事時，不知道除了笑，還能做什麼。

陷入難受的狀況時，我們可以一味地承受痛苦、硬撐、咬牙忍耐。這麼一來，我們就會變得愈來愈像「受害者」。

或者，我們也可以正面迎戰，提出反駁，訴諸各種手段，設法翻轉事態。這時候我們會變成「抗爭者」。

但我們也可以避開這些選擇。在怎麼也逃不出的命運中，不小心洩漏出的有失體統的笑，是一種「人的自由」的象徵性表現。而這種自由，既存在於受害者的痛苦中，也存在於抗爭者的英勇奮戰中。

娥蘇拉・勒瑰恩（Ursula K. Le Guin）的《地海六部曲》的第四部，有一段令我印象深刻的場景。大法師格得的「伴侶」恬娜，扶養了一名養女，名叫瑟魯。瑟魯雖然還是個幼童，卻有難以言喻的悲慘過去，疙疙瘩瘩的燒傷疤痕，占去了她的半張臉。恬娜真心愛著這個懷有許多心理創傷的瑟魯，當然也一併愛著她臉上的傷。

然而，有一幕故事是，某天夜裡，恬娜看著瑟魯熟睡的臉龐時，不經意地用手蓋住受傷的半邊臉，於是眼前出現了一張細嫩無瑕的熟睡臉龐。

瑟魯仍在熟睡，沒有察覺。恬娜立刻收回她的手，在瑟魯臉蛋的疤痕上，落下一個吻。

這一幕雖然與笑無關，但我覺得，作者已把我想在此闡述的一切，都描繪出來了。恬娜愛著瑟魯的一切，無論好壞，包括那片傷疤。但某天，她不經意地用手遮住那傷疤，想像瑟魯有一張美麗的臉龐。那只是短短一瞬間的事，誰也不會知道。恬娜對瑟魯的愛，是對無可取代的存有毫不保留地去接納的愛，而透過這段描寫，這份愛之中所有冠冕堂皇的大道理、漂亮話，都被抹去。

有一種笑，是藏在內心最深處的一座陰暗洞穴，讓我們一碰到狀況時，就能躲入其中，等待外界的風暴平息。我們就是靠這種方式，維持內心的平衡，勉勉強強地活過每一天。

最後再寫一個故事。這個故事也和有失體統的笑有關，但可能和前面的故事有點不同。我總覺得它們之間存在著某種關聯，只是我還無法用言語表達出來。

路易斯是一個出生於南美的年輕男同志。第一次見到他時，我並不知道他是同志，只覺得他是個風趣又善良，開朗而笑口常開的大男生。和路易斯第二次見面的那天晚上，我們一大群朋友在一塊兒飲酒作樂，天南地北地閒聊。聊著聊著，他恰巧提到了田龜源五郎，我忽然感到有點疑惑。他在南美出生，兒時來到日本，從此過著一般人的生活。這樣的人怎麼會知道，田龜源五郎這位有名的同志藝術家呢？

到了深夜，我已醉得糊裡糊塗，於是不假思索地問路易斯．「你是同志吧？」他只停頓了一秒，便回答：「是、我是。」

之後，我們就接著這個話題聊了起來。大夥兒從路易斯口中，聽到各種身為同志的故事。我和路易斯從此成了莫逆之交（在場的每個人都和他成了莫逆之交），並將他的故事寫進書中。[19]

英文有個詞「Outing」，它有許多意義，其中一個意思，是在眾人面前，把別人隱藏的同志身分揭露出來。所以，這跟自己下定決心公開同志身分的「出櫃」（Coming-out），是完全不同的兩回事。那是一件絕對不能做的事。

19譯註：這裡是指作者在二〇一四年出版的《街頭人生》（街の人生）。

當然在那之前、在那之後，我都未曾做過這種事。雖然是在不知路易斯是否為同志的情況下，恰巧「猜中」的，但這也是一種「Outing」。

我在那之前不曾做過，在那之後也沒再做過。那一夜的那件事，是人生中只此一次的巧合。我告訴自己，我這輩子絕不再做同樣的事。

不過，那一夜，我真的很快樂、很開心，我的笑發自內心。路易斯也經常憶起那一夜的事，並說，如果沒有那一句話，他絕不可能和大家變得如此沒有距離。

掌中的按鈕

長久以來，我都搞不懂「慶祝生日」的意義是什麼，直到最近我才終於理解。我一直不明白，為何光是「在那個日子出生」，就得要接受或給予「生日快樂」的祝賀？我想，也許是因為只有在那一天，我們才無須成就任何事，就能得到祝賀。生日是每個人都能在一年之中，輪到一次的日子。明明什麼也沒做，只是迎接那一天的到來而已，就能得到來自他人的祝賀。這就是所謂的生日。

丈夫外遇，被妻子、甚至孩子們發現，家人之間的關係降到冰點。孩子們長大後，紛紛離開老家，只留下夫妻兩人。這樣的事情時有所聞。前陣子我又聽到了類似的故事，只不過主角並非我熟識的人。那時，我們在討論的是，他們完成了養育子女的責任，孩子們也離家自立，這個家再次變回只有夫妻兩人獨處，接下來還有幾十年的時間，他們能夠一起生活這麼久嗎？

按常理來思考，絕對是離婚比較好。但妻子長年以來，都是一名家庭主婦，除了打工或兼職工作外，幾乎毫無在外工作的經驗，所以只能倚靠丈夫的收入維生。我不禁覺得，這個社會給女性的選擇，總是比較少。

因為老聽到這類故事，所以我也會對學生們說，即使是女生，最好也要有一定的收入，至少要能養活自己。但也許是我教導無方，總是無法讓學生們全都聽進去。至今，仍有不少人嚮往風風光光的婚禮，在家人之愛的環繞下當個全職的家庭主婦。

無論男女，只要身心上沒有特殊狀況，最好都要保有養得活自己的經濟來源。我想，到了一定年紀後，無論政治立場為何，許多人都會將這件事視為常理。然而未雨綢繆地思考，人生可能發生哪些風險，這樣的做法距離我們心中描繪的「幸福」過於遙遠。因此有些人會對社會學產生誤解，以為社會學在做的，就是不斷強調世間的困頓與悲哀，把我們打散成一個個不相關的人。

有時，我們心目中這些幸福的意象，會以各式各樣的形式，對無法得到它的人，形成一種暴力。比方說，我們可能會因為相信某種幸福的意象，而死抓著那意象不放，直到被拋離幸福的常軌時，事情已回天乏術、沒法挽救了。

但還有另一種更單純的狀況，就是那種意象本身，就有可能會對人造成傷害。

不久之前，某東京知名的時尚服飾大樓所推出的一支廣告，備受抨擊。一名女性因為打扮樸素，而被公司的男性前輩取笑。另一名無論髮型、服裝都打扮得更美的女員工走來時，那名男性大讚後者有多可愛，彷彿在告誡前者應該要見賢思齊。

令人跌破眼鏡的是，這支廣告的結尾，被調侃的女性竟然喃喃自語地說：「是我太懶惰了，我得努力變漂亮才行。」

這支廣告實在差勁透頂，也難怪廣告製作方會立刻向大眾認錯道歉，並撤下廣告。雖然在這支廣告中，那名男性的行為，明顯就是性騷擾，但我們又怎能說自己沒做過類似的事。即使情節沒那麼嚴重，我們也會深信不疑地認為，家庭、婚姻就該是怎樣，男性、女性就該是怎樣，而這些想法化成了鎖鏈，將我們五花大綁，教我們動彈不得。

而不在這些標準中的人，又或者「被迫覺得自己不在這些標準中的人」，就會懷疑是自己的錯，懷疑自己是否已無法得到幸福。

在這個社會中，「孩子」是最一目了然又強而有力的幸福象徵。不僅如此，一般人也都認為，只要結了婚，「懷孕理所當然」。

例如，有些朋友會在過年時，將孩子的照片列印成賀年卡，寄送給親朋好友。[20]然而，我和這樣的朋友就是會漸行漸遠。要好的朋友懷孕、生子時，我當然是衷心祝福的。即使

20 譯註：在日本寄送賀年卡是非常普遍的一般禮儀。

如此，我們之間的話題，依舊可能逐漸失去交集，變得不知如何相處。也不是特別感到嫉妒或心存偏見，就只是「自然而然地」漸行漸遠，這種事情發生時，就會讓我真實地感受到：「啊，原來那種世間所謂的幸福，真的就『自然而然地』離我們遠去了。」

實際上，我對於養兒育女的辛苦、如何與其他家長相處之類的事，向來一無所知，所以當一群朋友聊天聊到這類話題時，我也只能沉默不語。

雖然我既不嫉妒，也沒偏見，但人們經常——真的是無時無刻，都把「有小孩嗎？」這問題掛在嘴邊。其實我也可以直接回答：「喔，我們沒生。」但這麼說完，對方往往又會接著說「小孩吵死人了，真羨慕你家這麼清閒」或「你們夫妻一定很恩愛，真好」之類的話。

總之，如前所述，幸福的意象有時會變成枷鎖，緊緊束縛我們。光是在家庭、婚姻面向裡，便還有同性戀、單身、不能生孩子的人等等不同而多元的生活形態。不僅如此，工作形式、興趣的培養等諸多面向，我們人活著所進行的各種行為，都被分類並規定哪種是

「好的」，哪種是「不好的」。

思考到此，就會開始出現幾類不同的見解。而其中最正確的，極端來說，大概就是停止認定什麼才是「好的」，或者，不那麼極端的話，至少也要停止使用「一般來說是好的」的說法。

為何一件事如果有些人認為是好的，對其他某些人而言，就會變成一種暴力呢？那是因為在闡述時，我們不會說「『我認為』這是好的」，而是說「這是好的，因為『一般』認定這是好的」。這種說法的出發點，不是徹底來自個人，而是來自一般大眾。

如果完全以個人為出發點，只有對我而言是「好的」，這件事就不會傷害到任何人。因為從一開始，那句話裡就不包含我之外的一切存在，所以對任何人都不會造成排擠。但若是「一般認定是好的」，這件事就會自動開始分類，將涵蓋其中的人和不涵蓋其中的人，區分開來。

當一個人說「我喜歡這個顏色的石頭」時，因為沒有涵蓋其他任何人，所以不會對任何人造成排擠。但若有人說「擁有這個顏色的石頭的人很幸福」時，就會產生「擁有該石頭的人」和「未擁有該石頭的人」的區別。換言之，就是出現了「幸福的人」和「不幸的人」。

照這樣來看，我們的首要任務便是，在談及一切關於「好的」事物時，試著把「我」作為主詞。或者，將「是否擁有某種顏色的石頭」和「是否幸福」當成毫無關聯的兩件事看待。

看到一對男女步入禮堂，我們便對此事給予祝福——這樣的一件事恰恰符合上述情形。我們認為，和喜歡的異性結為連理，是一件幸福的事，而眼前的這對新人正是如此，所以這兩個人是幸福的。於是我們便給予祝福。

換言之，這種祝福會傳達出一個先入為主的想法，那就是「和喜歡的異性結為連理，不僅當事人覺得幸福，連社會大眾也覺得那是一件幸福的事」。而這種想法、說法、祝福法，必然會衍生出另一層涵義，那就是「沒有和喜歡的異性結為連理的人，是不幸福的」，即使不到不幸福，至少也「不如這兩個人來得幸福」。

如此，在某兩個人步入禮堂時給予祝福的這件事本身，對於諸如單身、同性戀等人士而言，便形同詛咒。

此時，我們若想保持「公正」，似乎就只能放棄和心愛的異性在一起的慣習，或者至少，也要停止祝福。唯有如此才不會傷害到任何人。

要言之，所有將事物區分出好與不好的規範，都要捨棄。因為只要有規範，就會有人被規範排除在外。

然而，在此同時，我們微小的、片斷性的人生中的小小幸福，正是由這些規範，或所謂「好的」事物，建構起來的。要求我們完全捨棄這些微小的好，何其困難。

我和內人都不喜歡無意義的儀式，所以結婚時，婚禮什麼的全都省了。然而，在學生或畢業生中，一直有相當高比例的年輕女性，對婚禮抱著純粹的憧憬，這件事總教我驚訝。學生聚餐中也常聊到這類話題。

「為什麼這麼想舉辦婚禮？」這個問題雖然已經被我問到爛了，但我依舊一知半解。不過，我大概能明白的是，她們想要在一生僅有一次的那一天，穿著美美的婚紗，接受讚美聲的洗禮，得到大家的祝福。

平日，我們只有努力達成某件事時，才會得到讚美，受到肯定。幾乎不可能有人光是因為我們存在於世上，就對我們說出「恭喜你」、「你真棒」、「妳好美」等讚美祝福。所以，人生只要有一個這樣的日子，就算只有一天，也能讓我們有動力繼續活下去。

實際上，我經常受邀參加畢業生的婚禮，婚禮中的新郎、新娘總是十分美麗耀眼，值得受到眾人的祝福。而我也由衷地恭賀他們。

正如先前所言，這樣的幸福，會製造出被排除在外的人，從這層意義來看，這種幸福同時也是一種暴力。對於參加朋友或畢業生的婚禮，我是滿心期待，也由衷祝福的，但話雖如此，當其他來賓在致詞中說到「祝你們早日生下健康的小寶寶」、「祝你們產下愛的結晶」時，我還是會感到五味雜陳。

這些時候，我總是不由得為之語塞。如果幸福必然伴隨暴力，那麼我們就該捨棄幸福嗎？舉個極端的例子，異性戀者舉辦婚禮，這件事有可能成為對同性戀者的壓迫。這樣的幸福，我們究竟該如何祝福？

然而，在此同時，也存在著另一種情況。前陣子，在一次聚餐中，一個女畢業生提到她的男友收入太低，導致他們無法結婚，說著說著，便哭了起來。那時，雖然我直覺想到的是「不要舉辦婚禮不就得了」，但眼前的她，純粹對婚禮感到憧憬，純粹想得到那樣的幸福，我實在無法對她說出那句話。對她而言，那是非常非常重要的一件事。

我自己在接受不孕症治療而深感痛苦之時，最為不快的也是聽到別人說「生孩子又不是人生的全部」之類的大道理。

比如說「女性應該讓自己看起來年輕美麗又可愛」，這樣一個隨處可見的規範。這規範既成了束縛我們的枷鎖，又化作一種暴力，施加在被排除在外的人身上。然而，要把女性的自我梳妝打扮，視為暴力而全盤否定，又是件極為困難的事。

此時，還可以有另一種見解，那就是「尊重各式各樣的價值觀」。也就是說，化妝、打扮本身並非壞事，無須否定，但我們要拒絕讓這種事，變成來自他人或整體社會的一種強制性潛規則。舉例來說，若是因為自己的外貌被冒失的主管拿來大做文章，而開始耿耿於懷地打扮自己的話，就是奇恥大辱的行為；但若是根據自己的信念和價值觀，而自我打扮的話，便未嘗不是件好事。

但說到這兒，我不禁徬徨了。我們身上究竟存在多少「真實的」自我？那存在於我們身上的，是貨真價實的「自我」嗎？它是否貨真價實到足以抵禦，社會性共同規範所帶來的一切暴力？

比起穿上能夠突顯個人風格的服飾，我們往往更想穿上那些大家都會覺得漂亮又可愛的衣服，讓大家稱讚自己好漂亮、好可愛，不是嗎？具有個人風格，是孤獨的。我們真能耐得住那種孤獨嗎？

歸根究柢，所謂的幸福，會不會就是那些更隨處可見、更平庸無趣的事物？

很小的時候，我總是會將一枚看不見的按鈕握在掌中。我會一直想像著，遇到壞事時，只要「喀答」一聲按下那枚幻想按鈕，一切就會一帆風順。我想，大概直到讀小學左右以前吧，直到自己長大一點，我都在下意識中，一直握著那枚按鈕。

讓我想按下按鈕的事很多，其中最揮之不去的，就是對外表的自卑感。小時候，我非常厭惡自己的長相。

我真心對自己的外表，感到自慚形穢。不只外表，從小到大，我的動作也極度不協調，各種運動都不擅長，尤其球類更是完全沒輒，我在這方面也有著強烈的自卑感。雖說如此，我也不是完全沒有人緣，只不過，無關他人評價，我就是希望自己一生下來就是個外表更英俊挺拔的人。小學時代的我，滿腦子就只想著這件事。

現在回想起來，我那時的煩惱，還真是芝麻綠豆大的小事。然而，即使到了這年紀，偶爾仍會存有這樣的幻想——幻想自己又俊俏、又幸福，過著什麼都不缺的圓滿人生；幻想有一個受人讚揚、一帆風順、纖塵不染的人生；幻想有一個家庭美滿、子孫滿堂的幸福人生。

雖然像現在這樣，每天過著平平安安的日子，人生可以說是相當幸福，然而我們的人生仍充滿了缺憾，仍充滿了無法釋懷之事。這些事物有著粗糙刮人的表面，滿是疼痛與苦澀，遠比兒時占據我們腦中的事物，更微小、更褊狹、更片斷。

明明什麼都沒做，也能聽到別人對我們說「好可愛」、「好帥」、「恭喜」、「好棒」和

「我愛你」，這是距離我們最遙遠，對我們而言卻又最重要、最虛幻的夢想——而於此同時，這種夢想也有可能對其他人造成傷害。我真的不知如何是好。

他人的手

雖然我不愛接近不熟的人，喜歡獨處，但偶爾還是會有，對他人的手感到眷戀的時候。

和素未謀面的人發生身體接觸，大部分的情況下，都是伴隨著痛苦的。只要生活在都市裡就能體會——沒有人的空間最貴。舉凡個人包廂、火車的頭等車廂、飛機的商務艙，又或者，純粹只是一個桌間走道有充足空間的餐廳或咖啡廳。例子比比皆是。要在人口稠密的地方保有無人的空間，是最花錢的。看來大家也都認為，沒有距離地貼近其他陌生人，是痛苦的。

到東京出差時，有時候真的會驚嚇於，東京電車的擁擠程度。我總是暗自心想，大家還真能忍。雖然說，不忍就無法在東京生存，所以大家只能忍耐。

實際上，除了身體接觸外，被迫做出和他人一樣的身體動作，也是極為不快的事。那種反感的程度，幾乎與被迫接觸他人身體不相上下。

距今超過二十五年以前，有段時間，我曾在大阪，獨自前往許多不同的爵士樂展演空間，聆聽他們的現場演奏。有那麼一次，我誤入了「法國香頌」的店，演奏開始後，我才懊悔地想說：「啊，糟糕，搞錯了。」而且，當時只有我一個客人。

即便如此，在只有一個客人的狀態下在演奏半途中離開，未免也太沒禮貌了，所以我還是耐住性子聽下去。一會兒，身穿香頌特有的飄逸晚禮服的女主唱，手拿麥克風，邊唱邊朝我走來。

「噢，香榭麗舍」[21]

21譯註：法文為「Aux Champs-Elysées」，發音類似「噢，香榭麗舍」，意為「在香榭大道上」。

她唱完這句便將麥克風對著我。意思是，要我快接著唱「噢，香榭麗舍」。那時我只有十八歲左右，太過年輕，根本做不出那種事，我想我是漲紅著臉，一言不發地奪門而出。

如今年屆四十七的我，已能拋開那些過剩的自我意識，所以若是現在，我應該就能完全拋開羞恥，裝出一副樂在其中的樣子，大聲地唱出口。

只不過，現場演奏法國香頌的店，也已寥寥無幾了。

雖然我長年為了調查，或純粹為了喝酒聊天，而往返沖繩，但還是適應不了他們「琉球手舞」（カチャーシー）的習慣。據說，沖繩的飲酒會經常出現這樣的場景：有人開始彈起自己帶來的三線琴[22]，大家一邊喝泡盛酒，一邊大唱沖繩民謠，最後大家便自然而然地站起來，圍成一個圓圈跳舞。而這種眾人圍成圓圈跳的舞，就叫做琉球手舞。這真是我的一大罩門。

據說是沖繩流傳悠久的傳統性與民俗性文化，但我和當地一般人喝酒時，從未見過琉球手舞。我猜，可能現在琉球手舞，已變成只有在盛大的慶祝場合，或特別的場所才能看到的活動。

截至目前，我看到的琉球手舞，幾乎都是出現在專門接待觀光客的居酒屋裡，或主張「多文化共生」的人權活動中。這時候的琉球手舞，是一種人為性的「約定事項」，參加者們在半強制性的狀況下，被迫起舞。表面上雖然一副開心的模樣，但我猜大家其實都沒那麼情願吧。不情願歸不情願，卻還是基於「既然都來到沖繩了，就該融入一下」或「必須尊重沖繩文化」的想法，跟著手舞足蹈吧。

我真的很討厭像這樣，被迫和陌生人做出相同的事。

不過，即使我們如此厭惡交出自己的身體自主性，或被陌生人觸碰身體，但我們有時卻會得救於別人偶然向我們伸出的手。

雖然之前也再三寫過，又只是件微不足道的事，不過我的工作就是聆聽別人的人生經歷，有時候也會進行訪談。進行訪談，酷似閉氣潛入大海。聆聽別人的人生經歷時，我總

22 譯註：日文為「三線」，沖繩特有的撥弦樂器。

會產生一種錯覺，彷彿在夜晚獨自裸身潛入又黑又冷的大海中。

和對方在約好的場所見面，若是咖啡廳，就各自點杯飲料，「你好你好」、「謝謝你百忙之中抽空見面」像這樣互相寒暄幾句，以一成不變的客套話當作開場白，然後從閒話家常開始聊起，並在某個時間點，提出第一個問題。

——「你來自哪裡？」

接著，就是花上數小時，傾聽一個人成長至今的故事，短則一小時，最長則做過分成三天、共八小時的訪談。不過，大多是兩、三小時的採訪。

若無意外，第一個提問都是從詢問出生的年分或場所開始，有時也會從目前的工作、家庭問起，總之都是從毫不起眼的話題切入。

提出第一個提問後，對方的回答就會形成第一段故事。而這段故事，又會催生出下一個意想不到的提問。然後，又會有新的故事誕生。

雖然一開始的提問大同小異，但不到五分鐘，所有人生經歷都會以前所未聞的嶄新姿態登場。大約過了兩小時，故事就會變成一個無法一眼看盡全貌的龐然巨物，宛如複雜的珊瑚礁，又如同巨大的迷宮。

然後訪問結束。我們互道感謝，禮貌性地交換聯絡方式，結清咖啡廳的帳單，恢復成不相干的兩個人，前後各自離開咖啡廳。

在相隔數小時，從他人的人生故事中抽離並回到自我後，我總會先感覺到一股強烈的孤獨。與其說因為剛剛才花了數小時，與他人共享完一段人生，結束後才特別感到孤獨，我反倒覺得，這種感覺更像掉進某個人的生活史中，在那廣闊無邊的異域中，經歷一場壯遊。經過渾然忘我的長途跋涉後，我才再次回到「這個我」之中。

訪談的第一個提問，就像是潛入大海前，吸入的第一口氣。在戴著面鏡、咬著呼吸管浮於水面的狀態下，深吸一大口氣，憋住鼻息，以類似鞠躬禮的動作，將頭壓入水面，雙腳高高地向後翻起，一股作氣向下沉潛——第一個提問就像此時的感覺。我在故事的帶領下，沉入海底深處。但無論我再怎麼閉氣向下沉潛，下方永遠都是一片深不見底的黑。

訪談結束後，緩緩向水面上升。將頭露出水面，大大吸一口氣，就會發現自己是獨自一人漂浮在深夜的海面上。就這樣，我又回到了「這個我」之中。

這時，我總是會感到依依不捨。

偶爾，我會在訪談結束，正感到依依不捨時，去養身館按摩。訪談的地點，大多是在那霸和我居住的大阪，若是在大阪，我就固定會去同一家養身館。那家店位在我家附近，是這一帶成立最久、規模最大的店，而且價錢合理，又有許多技術高明的師傅（但偶爾也會踩到地雷）。我每次都去這家店按摩。尤其，當店長H先生有空時，我一定會指定他，請他幫我按上一個半小時。

H先生是來自台灣的中年男性，他的特色是禿頭、手臂粗壯，以及鼻毛濃密得難以置信。當一個人的鼻毛，長得如此堂而皇之時，看到的人也就不會感到絲毫不妥了。最重要的是，H先生有著一雙黃金之手。我光著上半身，下半身穿上他們提供的運動褲，趴在推拿床上。H先生幫我蓋上毛巾後，就從上方同時使勁按壓我的左腰和右肩。單單這一個動作，就能讓我清楚感受到：「啊，這人真有一套。」

接受全身按摩時，我能夠感覺到自己身體的邊界線。我覺得，按摩是一項對外在世界和這個我之間，進行「國境」的確立與反覆確認的工程。當某人用手把我從頭頂到腳尖的各個角落搓揉一遍的同時，我便可透過那雙手感受自己身體的大小、形狀、溫度與軟硬。這是無法透過自己的手辦到的。這項工程一定要透過他人的手，才能完成。

近日，我在短期內，連續擁抱了兩個陌生人。

一次是我在那霸搭公車的時候。我總是會選擇坐在順著公車行進方向、最前方的左側位子。因為這個位子能最清楚地看到車外風景。位子就在司機的正左方，緊鄰著前方的投錢箱和下車門。[23]

一個相當高齡的歐巴（沖繩對老婆婆的稱呼）上了公車。沖繩的公車十分悠哉，歐巴

23譯註：日本的公車一般規定後門上車、前門下車，駕駛座靠右側。

沒坐穩前，車子都不會開動。歐巴慢條斯理地坐下後，公車才慢條斯理地開動。

公車緩緩行駛在那霸的市街中。到某站時，歐巴打算下車。當她要從前門下車時，因為腿不方便而無法走下車輛。那是一輛舊式公車，階梯頗高。

我就坐在緊靠前門的座位上，因此站起身來，自己先下車，再從下方伸出手作為扶手，支撐著歐巴的手臂。但即使如此，她還是下不了階梯。

看著眼前這位不知所措的歐巴，我下意識地將自己的兩手插入歐巴的腋下，一個使勁將她從公車上抱起來，並在路面上將她放下。

歐巴睜圓了雙眼，看著我笑了。

過沒幾天，我在某個地方（這可能是重大的違規事件，所以地方就不明說了）的地下鐵月台，看到一個站務員大叔正在使用長柄拾物器，試圖撿起男性乘客掉到軌道上的智慧型手機。但那台智慧型手機，又小又薄又滑溜溜的，長柄拾物器怎麼夾也夾不住。

站務員和手機奮戰了好一段時間，最後急煎煎地將長柄拾物器丟在一旁，看了一眼顯示電車進站時間的電子時刻表。也許是判斷下一班電車暫時不會進站，他突然跳下月台，撿起手機，從月台下方，將手機遞給滿臉驚惶的男性。

然而，當他想回到月台上時，卻怎麼也爬不上來。他將雙手撐在月台上，向上跳了好幾次，但腳就是搆不到月台。我反射性地跑上前去，蹲在月台邊緣，將兩手插進站務員大叔的腋下，使出吃奶的力氣，將站務員向上抬起，連拖帶拉地拖上月台。

大約在一個星期內，我就擁抱了兩個人，一個是抱下去，另一個是拖上來。兩次都是十分幸福的體驗。

平常別說是身體接觸，就連要和他人肢體動作同步，對我來說都非常痛苦，但有些時候，在意料之外的狀況下接觸到他人身體，竟不可思議地感受到強烈的肯定與滿足。

已不記得是何時何處了，我曾在某個人的書本、漫畫還是部落格上，看到一種說法：年紀大的人「明明沒生病」卻會去看醫生的其中一個理由，就是「要透過觸診，讓他人觸摸到自己的皮膚」。「明明沒生病」是一種常見的標籤，跟實際情況應該有所出入，但「年紀愈來愈大後，如果不看醫生的話，就愈來愈沒有其他的人會來接觸我們的肌膚」的看法，倒是讓我覺得真有幾分道理。

我是昭和時期出生的孩子，小學時，上過書法課和珠算課。那時我很喜歡書法老師從身後握著我的手，帶著我一起寫字的感覺。總是舒服得連頭皮都會起雞皮疙瘩。當然，這種感覺跟性興奮毫無關係。只是當他人溫柔地觸摸自己時，會感受到一種最根本的愉悅。

但我還是要再重申，基本上與他人碰觸，對我來說都是痛苦的。但偶爾也會成為非常愉悅的經驗。這種現象，令我感到十分神奇。

國中時，我曾在市民游泳池中險些溺水。當我發現時，自己已來到踩不到底的深水區，我因不會游泳而陷入恐慌，只記得自己拚命地划動手腳，接下來就沒有記憶了。等意識恢復時，自己已躺在泳池邊，四周圍繞著一群大人，憂心忡忡地俯視著我。

聽說是救生員把我救起的。那裡曾有一個人，對著逐漸沒入盛夏藍色水底的身體，伸出了他的手，所以我才沒死於那年夏天。沉在水裡，只聽得見含混不清、咕嘟咕嘟氣泡聲的我，一定是從一個無名救命恩人的手中，親手接下了「土偶與盆栽」。

流過絲蘭的時間

那是很久之前，坐在公車裡驚鴻一瞥的光景。一間破產倒閉的加油站外，滂沱大雨，從天而降。一棵絲蘭樹的盆栽，置於辦公室內靠窗的位置，因為無人澆水而枯黃地佇立著。隔著玻璃，外頭這一側大雨如注。裡頭那一側，絲蘭樹乾枯而死。

幾年前，我在某個集合住宅社區採訪居民，調查當地的生活史，而認識了一名年長的男性。

那名男性出生於地方上的貧窮人家，歷經種種遭遇，輾轉來到關西，成為黑幫底層的「小嘍囉」，靠著賽馬的場外交易等非法行為謀生。後來又幾經波折，接受我採訪時，他已退出黑幫，一個人悄悄地過著獨居生活。

談論到他的人生時，他反覆提到「香港」一詞，聽起來指的是監獄。當時，我粗心大意地將「香港」一詞，擅自解讀成指稱監獄的黑話，因此數度提出同一個愚蠢問題：「是哪裡的香港？」每每被我問到，他都反覆回答：「哎？就香港啊。」「就說是香港啊！」

採訪到一半，我突然恍然大悟。「啊，你說的香港，是指香港的監獄嗎？」「對啊。」此事，他身邊的人都一無所知，無論是將他介紹給我的自治組織成員、與他相識的鄰居，甚至他經常往來的朋友。接受我的採訪時，他才首次透露那段過去。他坦白地告訴我，他曾因興奮劑的交易，在香港落入當地偵查機關設下的誘捕圈套，結果就被抓進香港監獄，坐了十年牢。

他鉅細靡遺地描述了在香港坐監的情形。還告訴我，只要付大約十美金，就能摸到女獄警的身體。在監期間，他因腦梗塞發作，造成左半身不遂，而被當人球般地遣返日本，開始過著幾近街友的生活。目前他接受來自政府的生活補助，居住在一個小小的集合住宅社區裡。

有時，想起了他的際遇，會讓我不由得思考「成為道上兄弟，犯罪被逮捕，然後在異國的監獄度過十年光陰」這件事，究竟是怎樣的一件事？我們該如何理解這十年的時間長度？而「理解時間長度」又是怎麼一回事呢？

我們都是孤獨的。在腦中，我們特別孤獨。再怎麼相愛的情人，再怎麼親密的朋友，都不會來我們腦中作客。

幾年前，有一篇漫畫（菅原そうた，〈アルバイト（BUTTON）〉，收錄於《みんなのトニオちゃん》）在日本引發熱烈討論。只要按下一個按鈕，就能得到一百萬日圓。但有一個條件：按下按鈕的瞬間，你的意識會跳躍到另一個空間，那是一個空無一物的空間，你必須獨自一人在那裡度過五億年。你所能做的，就只有等待時間慢慢流逝。當五億年一過，你會回到按下按鈕的瞬間。那五億年的記憶，也會在此刻完全消失。

換言之，對你來說，你所記得的只有「按下按鈕，就得到了一百萬日圓」這件事。然而按下按鈕的那一瞬間，另一個你，必須在一個不存在任何人、任何東西的虛無「空間」裡，度過五億年。當五億年一過，你會在回到這個世界的同時，失去那五億年間的記憶，所以那期間的「時間長度」，在你回到這個世界時，便已然「不復存在」。讀者必須在此做出選擇——在「回來後就會被消除五億年記憶」的前提下，你是否會按下那個按鈕？

這篇漫畫的有趣之處，在故事的前半段，後半段則是在描寫，主人翁實際度過了五億年，於是「經歷悠久漫長的孤獨時間，主人翁最終達到了開悟境界」。後半段的故事發展，了無新意而乏善可陳。但前半段所拋出的問題，卻是震撼力十足。如果是我，就不會按。

又或，手塚治虫的漫畫《火之鳥》的〈未來篇〉。主人翁透過火之鳥的力量，非自願性地得到永恆的生命。當世界被末日戰爭所摧毀，他必須獨自在世上，活過幾億年的生命。他想製作出機器人、人工生命以排遣寂寞，但皆以失敗告終，最後他在一個無名的無人海角上，將一杯蛋白質的「湯」注入大海。幾億年後，才誕生出最原始的生命……

此外，漫畫《哥普拉》（コブラ）中，也出現過一種拷問方式，就是在阻絕一切感覺的狀態下，將人連日監禁。經典電影《強尼上戰場》（*Johnny Got His Gun*）也是以此作為母題（並做了更深刻的探討）。

還有許多作品，也都是以「時間的流逝」為主題，而在「等待時間的流過是一件痛苦的事」的觀點上有著共通之處。或許，我們根本習慣性地將沒有意識到時間流逝的狀態，稱作「開心」，將被迫意識到時間流逝的狀態，稱作「痛苦」。

我不太能夠理解為何意識到時間的流逝，會令人感到痛苦。不過，當我們想要讓自己去意識到每分每秒的時間長度時，痛苦確實比快樂來得有用。忍耐劇痛，能讓我們明確地感受到，自己就是這個絕無僅有的自己。就像凝視著從水龍頭緩緩滴落的每一顆水珠般，我們能確切地對自己的疼痛「感到疼痛」。

感受痛苦時，我才能真正地成為這個我。並且每分每秒都詛咒著身為這個我的自己。

但其實不僅僅是痛苦這種知覺而已，身體上的每一種知覺，都提醒著我們：「我被禁錮在我自己之中。」

二十多歲時，我曾做過領日薪的臨時建築工，雖然只做了短短四年。在那之前，我當然一直過著與體力勞動無緣的生活，我甚至沒有從事過任何運動。當時的我個頭雖高，卻骨瘦如柴。大學畢業後，經過一些波折，為了將自己逼到極限，我買了生平第一份體育報刊，在徵人版中，尋找拆除工人或雜務工人的工作，並打電話到附近的工寮詢問。結果第二天就立刻上工。那時也是我第一次，走進賣工作服的店家，買了最樸素的工作服、燈籠褲、分趾鞋[24]和長筒雨鞋。

早上六點半，騎著單車抵達工寮時，就立刻被要求坐上一輛廂型車，又在毫無說明的情況下，被載到工地。

那天早上所感受到的，「生平第一次進到體力勞動的工作現場」時的那種忐忑不安的

24譯註：日文為「地下足袋」，在日式分趾襪底部加上橡膠而成的鞋子，經常使用於勞動工作中。

恐懼感，至今仍記憶猶新。

除了建築工地外，我還曾在考古遺址的挖掘地，工作過很長一段時間。當然不是以調查員或研究員的身分，而是以土木工的身分，在現場以人力挖土。這類工作持續做了幾年下來，我的體格也變得截然不同。

我曾在「岸和田市民醫院」等各式各樣的地點工作，其中一個工作現場，令我至今難忘。為了在巨大鐵工廠的一角，重建工廠設備，我們每天都要搬運數百袋水泥，每袋都重達四十公斤。到了午休時間，累到連飯都沒力氣吃。我全身無力地癱軟在椅子上，一個自稱前黑道分子的工頭，坐在我隔壁，操著九州方言對我說，只要把日本的漢方藥「救心」碾碎，放入女性的生殖器，就能提高緊度。他滔滔不絕地重複著這個話題。又說，這個占地廣闊的鐵工廠，四處都會噴發出強烈的水蒸氣，溫度高達攝氏兩千度左右，平時要小心。

真的開始從事體力勞動工作後，我的感想是，這種工作與其說是出賣勞力，不如說是出賣知覺與時間。在一定的時間進入工地，忍受單純的重度勞動，只要五點一到，就會結束一天的工作。若是工作八小時，那麼這八小時之間，我的意識就會持續不斷地感受到炎熱的感覺、吃重的感覺、疲勞的感覺。雖然也會經歷情緒性的起伏，像是被工頭咆哮，或者反過來變成我對派不上用場的菜鳥新人怒吼，但基本上，工作中的每分每秒，都會持續感受到沉重、寒冷、吃力等感覺。

「在固定時間內，持續不斷地感受身體上的知覺」，就是臨時建築工的肉體勞動的本質。這是我從事過這類工作後的感想。因為這種工作，就是在腦中持續不斷地感受好重、好冷、好吃力。我們無法將這些感覺硬塞給別人。相對地，我們藉此獲得金錢報酬。

這種「在固定時間內，持續承受著某種不間斷的感覺，並藉此換得金錢」的行為，或許與性工作者是相通的。

這種感覺當然不會只有純粹的痛苦而已，甚至有可能產生快感。然而，即使如此，它也絕對是一種值得獲得等價報酬的行為。從這個角度來思考，或許出賣勞力的工作，即是出賣知覺的工作。而出賣知覺的工作，即是出賣「在意識內部持續感受那些知覺的時間」的工作。

讓我更直接地感受到「時間的流逝是一種痛苦」，是我在某間工廠進行流水作業的時候。距今已有好長一段時間了，當時我在一間位於大阪與京都中間地帶的巨大啤酒工廠裡，整整八小時都坐在輸送帶前面，進行著單調的作業。我的工作，是在一公升啤酒罐的半打盒裝從眼前經過時，在盒內最左上角的啤酒罐的扭蓋處，貼上贈品袋，贈品是「會發出咕嘟咕嘟聲的注酒口」。

我座椅的右後方，裝進小塑膠袋裡的注酒口贈品堆積如山，當半打一組的啤酒盒自上游而來，到達自己的面前時，就拿起一個贈品，撕下黏貼處的背紙，將黏貼處貼在固定位置的啤酒罐的扭蓋處。

這就是全部的工作流程。這個動作要持續做八個小時，中間只會插進幾次短暫的休息時間。

我只做了一天，連薪水也沒拿。

簡而言之，以疼痛為出發點「去感受氣味、滋味、聲音、舌頭觸感、手掌觸感等知覺」，就等於是讓我（不得不）再次想起，自己正處於時間之流中。比方說，當我們感受到疼痛時，只要造成疼痛的原因不去除，疼痛就不可能中途消失，也不可能轉換成別的知覺，亦不可能透過意志改變疼痛的感覺。當我們覺得痛時，我們就會一直痛下去。當我忍受疼痛時，我的大腦就會與疼痛同在。不，不是同在，而是存在於疼痛之中，成為疼痛本身。我的大腦「感覺到」疼痛——這種說法不太精準。疼痛時，不是我們正感受到疼痛，而是我們「純粹是疼痛的」。

忍耐疼痛時，人是孤獨的。即使對方是再怎麼相愛的情人、再怎麼親密的朋友，我們也無法將自己感受到的劇痛，自腦中取出，請對方代為接收。走遍天涯海角，也找不到任何一個人，能進入到我們的腦中，和我們一起感受我們腦中正在感受的痛。

我們和某個誰，身體貼著身體進行性交時，也無法感受到對方的快感。就連互相擁抱時，我們也只能各自感受自己的感覺而已。

夜裡，向下潛入黑茫茫的大海時的那種恐懼感。漆黑而冰冷的水，自腳邊緩緩浸透全身時的那種感覺。在伸手不見五指的水中，腳尖碰觸到某個柔軟的什麼。

所謂「時間在我心中流動」，就是「我持續感受著某種知覺」。比方說，當一個人說「我的心中過了十年的時間」，就等於是在說「我在這十年間，持續感受著某種知覺」。當然，那些知覺不見得都是痛苦的。活著這件事本身，就是持續感受某種知覺。

想像十年在某人身上流過的時間感，就等於在想像，那個人在十年之中，都一直持續感受某種知覺。我們無法共享知覺本身，我們只是「單純地知道一件事實」——和光陰一樣流過我們心中的某種知覺，也同樣會流經他人心中。

在生活史的採訪中，總是令我感受深刻的是，「我眼前的『這個人』，內心流過了一段與我的時間截然不同的漫漫時光」。尤其聽到「香港」那段描述時，真的令我深深地思考，什麼是在人身上流過的時間，以及「持續感受」那一分一秒的時間又是怎麼一回事。我們可以想像，在香港的監獄中度過的十年，但我們卻無法以相同的時間長度，實際去感受那十年光陰。我一邊聽著眼前這個男人斷斷續續、虛空淡漠地敘述出的過往，一邊思考，我要如何才能讓自己「更靠近」那十年光陰的長度。

仔細一想，那十年光陰，也曾流經我的心中，這種說法其實也是理所當然。當那名男性度過那十年時，同樣的十年時間，也從我身上流經。當結束採訪，我反反覆覆地思索著此事時，最後才突然察覺這件再理所當然不過的事。

當然，我們完全不曾「共享」過那十年時光，我也並未從這件事當中得到什麼感動。說起來，我原本從不曾對任何人，或對任何受訪當事人說過這件理所當然的事。

然而，我總覺得，「他的十年也是我的十年」這件單純的事實，讓我和他之間，產生了一種不必透過語言或情感，就能建立的對話。

明明大雨就下在短短一公尺的前方，絲蘭樹卻枯槁而死。一棵原木耐旱的樹木，從活著到枯死，這段時間應該流動得非常緩慢吧。過著被囚禁的生活，以及緩慢邁向死亡，這兩件事都存在著某種根本性的恐怖。

但時間的流逝並非只有痛苦而已。我們可以將「時間就只在這個『我』身上流過」的「構造」，不帶任何感動或情緒地，與他人分享。透過這種做法，便能讓我們靜靜地與他人共享一些事情：我們的內在各自都是孤獨的、各自有時間流過我們的內在，以及流過的那些時間就是我們自己本身。

有一種時間，是無法讓別人知道的時間。即使無法與人分享那段時間，但至少我們都心知肚明，彼此身上都存在著那種「無法讓別人知道的時間」。

夜行巴士的電話

這是二〇〇七年左右，我對一名女性所做的採訪。在大阪梅田的KTV小包廂裡。從漫長無比的採訪中，擷取出的一小片斷。

——您幾歲了？

三十歲。今年滿三十歲。我是一九七七年十二月出生的。嗯。

——您來自大阪……

不，是來自小倉。（「小倉是在北九州嗎？」）是的，北九州。不對，不是小倉，算附近一帶。

雖然說附近一帶，其實也有段距離。有點鄉下的地方。

我來到大阪這個城市，呃，到今年就整整九年了。（「那妳是幾歲左右來的？」）二十一歲。

——二十一歲前都待在小倉嗎？

高中畢業後，在當地的企業上班。呃，做過百貨公司辦公人員和銀行行員。（「銀行應該薪水很高吧？」（笑））是的（笑）。

然後，我是跟父母同住。

——可以請教關於妳家人的事嗎？不好意思，這樣刨根問底……

可以啊，沒關係。（「呃，父母健在？」）是的。還有姊姊和弟弟。

——那妳為何到大阪來？

因為結婚。對象是大阪人。

當時有一個類似NELTUN派對（聯誼性質的派對）的活動。住老家那裡。然後，剛好他們到當天都還能報名，他是為了打發時間而報名的，那個後來變成我丈夫的人。

派對舉辦在飯店裡。他剛好在當業務的樣子，因為工作而來（他當時出差剛好住在那間飯店）。對對對，他經常來小倉，還有小倉附近一帶。

——妳那時就看上他了嗎？

啊，算是對方看上我了。然後，我不知道他是大阪人。然後，他又還滿風趣的，所以……嗯。

呃，那時我二十歲左右。是為了陪我朋友（而參加派對）。朋友邀我一起去。感覺很像無座位的自助餐會，現場還有主持人……我朋友跟我說：「如果有喜歡的對象，就儘量上前聊天！」（笑）

以前不是有個很紅的節目，叫做NELTUN嗎？[25]節目正紅時，剛好是我十八、九、二十歲的時候。我猜當時那個（節目）還沒結束。我想應該還在播出。大概在快要停播，還是剛停播的時候。對對對，派對就是模仿那個（節目）進行的。包下飯店的那間大廳，舉辦了那樣的活動。

——之後馬上就交往了嗎？

是啊。然後交往了一年左右，對。然後就結婚了。（結婚前）我們是小倉（和大阪）之間的遠距離戀愛。對方比我大八歲。

——對方有做出求婚的舉動嗎？

啊，算是有。就說我們結婚吧。因為一直兩地奔波，對雙方來說，都有點辛苦。

大阪不是有很多風趣的人嗎？在個性上。一直住在小倉這種鄉下地方的人，類型跟大阪人又不太一樣……年紀輕的時候，會單純因為對方是個風趣的人，就和對方交往。會想說，啊，這個人跟我過去認識的人都不一樣。

——因為住在鄉下狹小的世界裡……

在狹小的世界裡，只要出現了一個稍微跟別人有一點點、跟大家有一點點不一樣的人，就很容易被吸引。

25譯註：「NELTUN」（ねるとん紅鯨団），日本早期的戀愛交友配對節目。

也是因為這樣，後來就離婚了（笑）。婚後一年。

——啊，真的嗎？

是啊。二十一歲結婚的，一年後就離婚了。

——結婚時，有沒有遭到父母反對？

有啊，遭到了強烈反對。（和父母）談過後，我就覺得這樣下去一定結不了婚，所以提出辭呈，然後，不是還需要多待一個月左右嗎？所以，我是一月左右提出辭呈，最後待到三月左右，在二十一歲那時。在那裡待到三月，然後兩天後我就以私奔的方式，離開那裡了。

唉，那時想說，（在當地）不可能再遇到（比他更好的男生）了。再這樣下去不行。不過，我還是有打一通電話給父母。在搭上夜行巴士之前（笑）。

——哇好強，好像電影情節（笑）。

搭上客運前，我單手提著包包。行李老早就寄過去了。一點一點寄去。雖然家人有起疑。但我就是一點一點寄過去。

——**從夜行巴士的乘車處打電話？**

沒錯沒錯，我跟他們說我不會回去了（笑）。

——**啊哈哈哈。**

然後，他們問我的工作怎麼辦，我就跟他們說，其實已經辭職了（笑）。（「妳的父母也不知道妳辭職了？」）對對對。然後他們就很驚訝。我就說，可是我還是會跟你們保持聯絡的，拜託你們睜一隻眼閉一隻眼吧。離開後，大概有一個半月左右沒有和他們聯絡。對。然後，對，就馬上那個、登記結婚。

後來，暫且搬進類似公司宿舍的地方，他說，等錢存夠了再搬家，因為現階段，雖然在生活上沒什麼問題，但沒有足夠的錢付（租房子所需的）押金。

——**妳就搬進宿舍了？**

是啊。公司的。對。我一邊當家庭主婦，一邊打一點零工。

——**那時妳在大阪有朋友或認識的人嗎？**

是有親戚在這……不對，我們就是那個，完全沒有見面，那段時期。對啊，在沒有和父母聯絡的那一個半月，我完全沒有和丈夫以外的人接觸。電視是我的好朋友（笑）。

——婚禮呢？

沒有辦。（「什麼都沒有嗎？」）嗯，是的。

——為什麼婚姻會告吹？

我知道「嫖、賭、飲」是很多男人的習慣。但生活了一段時間，發現他會賭馬啊、賭賽艇之類的。雖然他會把一定程度的錢拿回家，但總是不夠用了，又來向我要。把錢交給我管，之後又要我再拿錢給他。沒想到會變這樣，婚前真的看不出來。

所以，我想說，要是跟這個人生了孩子之類的，生活一定過不下去。那時我才二十一歲，二十一、二歲，所以想說還來得及重新來過。想說要趁著還沒生孩子前離婚。

然後我就很勤奮地打零工。在附近五分鐘內可以走到的地方打工，把賺的錢一點一點存下來。為搬出去做準備（笑）。過了一年，錢存到一半，在那裡住了半年左右，就覺得不能再這樣下去。結果，離婚時，還來不及存夠付押金的錢，所以就到親戚家中借住了（笑）。

——**啊，大阪親戚家嗎？**

對。因為對方一直拖著不肯蓋章，所以我非得留在大阪不可。

——**妳還真了不起。先是一步一步為私奔做準備，之後又為離婚扎扎實實地做準備（笑）。做起事來還真周到。**

呵呵呵（笑）。

還有，那個人管得緊。一天要打好幾通電話回家，確定我在不在家。

——**當時妳在打零工吧？**

對啊，所以被他發現我在打工，一直叫我辭職。

——**啊，妳是瞞著丈夫偷偷打工的嗎？**

嗯，我心想，不這麼做的話，光靠他，一定存不了錢。然後，他老是要求我辭職。他說，那裡要是有那種年輕的男人，我說不定會跟那裡的男人怎樣（笑）。我跟他說絕無此事，但他還是叫我明天就去辭職。對，就是這樣。

所以說，一直待在家裡，也會想要有聊天的對象啊。去打工的話，又有錢拿，又能結交朋友。因為我是在沒有朋友的狀態下，來到大阪的。丈夫卻對我打工非常反感，老對我說：「妳去辭職，那裡一定有年輕的男人吧！」（笑）他不准我在有年輕男人的地方工作。

從那時候開始，只要我打工被他發現，就會發生口角爭執。他問我，為什麼要偷偷做這種事。因為我知道不偷偷做，他一定不會答應啊（笑）。我明明是為了偷偷貼補家計而打工的。

——有發生酒後施暴之類的事嗎？

啊，這倒是沒有。喝歸喝，不會動手。

——分開後還有見面嗎？

分開一個半月後，他才蓋章，那是我們最後一次見面。（「那他現在在哪做什麼，妳也不知道囉？」）是啊。不過，他出生以來一直都待在大阪，所以我猜，他現在還是住在大阪。（「大概還在某個地方吧？」）大概吧（笑）。

分開的時候，我二十二歲，他的話，是三十、三十一歲吧。

——登記結婚一年後，又帶著離婚協議書……

去辦理離婚登記了。

我去親戚家住了一陣子，後來他才終於蓋章。我也沒有告訴他我的聯絡方式。（「『盧了很久嗎？』」）過了一個半月，就死心，蓋章了。

在那之前，他一直打電話到我娘家。如果我說我住在大阪好像怪怪的，所以我就假裝我已經回娘家啦。他一直說要重新來過、重新來過。然後，過了一個半月就死心，蓋章了。

——感覺妳的意志好堅定，完全沒有動搖呢（笑）。

沒錯（笑）。我心想，和這個人在一起絕對不會幸福（笑）。

——會那樣想，就是因為錢的關係吧？

對啊。假如當時繼續維持婚姻下去，到了將來不是會生小孩？我想說，當下都這麼拮据了，有了小孩還得了。還是趁可以從頭來過時，徹徹底底、乾乾淨淨地做個了斷。

——之後就一直待在大阪？

對啊。我想說，回娘家的話，如果想回職場，一定找不到工作。難得有這個機會來到大阪……

我原本就很想到東京去工作。那時我就想說，在老家待個兩年，存了錢，存了押金，就要到東京或大阪去，沒想到就遇到後來的丈夫，就碰巧來了大阪（笑）。既然都來到大阪了，那就已經實現夢想，來到其中一個地方啦。所以想說，那就先留下來拚拚看。

——妳當初很想到大城市嗎？

是有這個想法。因為我想做跟別人不一樣的事。鄉下出生的人，很多都是因為父母的反對，而無法離開家鄉。我好像（和鄉下）格格不入，總覺得啊，人要做與眾不同的事，就要在一個需要勇氣的地方做，不是嗎？你說對不對嘛。……如果要做太特立獨行的事，就會很綁手綁腳的，待在鄉下的話。

——分手後呢？

嗯，我就開始工作了，在旅行社。我是推銷行程的業務。工作好辛苦，要不停拜訪各個公司行號。

剛開始的時候，我只有二十一、二歲，要我推銷旅遊行程，也沒有說服力，所以工作內容比較像是跟在主任級的男性身邊當助理。幫那個人申請津貼、跑腿、打雜之類的。接著才慢慢進入一個人獨立工作的階段。

我想說，雖然是（到阿姨家）暫住，但自己也得要工作吧。所以立刻找了工作。

——這份工作持續了很久嗎？

那個大概做了一年。好像一年半吧，大約兩年。

——妳在阿姨家住了一年就離開了，對吧？那妳離開阿姨家後，還繼續做了大約半年囉？在旅行社。

是啊。我又去跟新結交的對象一起住（笑）。在那段期間，我和現在住的、現在一起住的人住。

——啊，那你們在一起很久了耶，妳跟現在的男友。

是啊。二十二歲快結束時在一起的，所以還滿久的。

——那妳和他就是住在阿姨家的期間……

那段期間認識的。

我啊，本來一點興趣嗜好都沒有，和（已經離婚的）丈夫在一起時。我想說自己怎麼都沒有什麼嗜好，因為高中時我當過棒球社團的經理，就想說，既然人在大阪，正好有機會去看阪神虎的比賽。

我交了一個朋友，剛好她有個女生朋友喜歡看這類比賽。那個女生帶我們一起去看了比賽，真的還滿有趣的。

然後，去看比賽的途中，有幾個男生也是去那裡看比賽，但坐在不同的地方，其中一個就是我的現任男友。

——你們是在棒球場相遇的囉？

是啊。算是他來搭訕的嗎？那時我的錢包掉了，我想說怎麼辦（笑），就要他陪我一起找……（笑）。

他順利（幫我）找到了。對對對，就是因為這樣，就問說要不要一起看球賽。之後就、比賽結束之後，他就跟我這邊的朋友一起去喝一杯，去吃個飯這樣。然後，就這樣……

——好像偶像劇的劇情（笑），私奔也是（笑）。

我可沒有想學偶像劇的意思喔（笑），不過我朋友倒是說我的人生很奇葩。是我的遭遇很戲劇性嗎？

——這件事是住到阿姨家後沒多久，就發生的嗎？

是啊，沒多久。然後，就是一邊交往，一邊住在阿姨家……後來，我們就想說不如同居。

然後，我其實有一筆負債。那個時候。三百萬日圓（笑）。

——咦，為什麼？

所以，那是那個……十七、八歲左右的時候吧。我那時比現在重大概二十公斤。因為這樣而去美容中心。

十七、八歲，對啊。高中畢業後，就立刻去美容中心了（笑）。雖然不是被敲詐，但就一整個陷進去（笑）。

就那個，告訴我說會變瘦、會變漂亮喔。其實，我也有一邊去健身房，一邊上游泳課，不過實際上，確實是完全瘦了下來（笑）。好不容易才沒有復胖地瘦了下來。

這些事一旦開始後，做著做著就會做上癮。這個也做，那個也做，不知不覺就多了三百萬的負債。

然後，我想說要是告訴對方，其實我因為上美容中心，欠了三百萬的話，對方一定會被我嚇到，所以就瞞著他了。

——離婚的丈夫知道這件事嗎？

不，他不知道。

可是，金額雖然是三百萬，不過，每個月以獎金付款時，我都是靠自己打工賺來的錢繳的，所以完全沒有繳不出錢過，我是說開始和現任男友住在一起的時候。[26]（可是）這樣下去，要還（清）三百萬，不知道要花多少年，就是說啊。我就覺得，這樣下去真是沒完沒了。

那時，我經常閱讀報章雜誌，從那上面接觸到關於特種行業的工作。

然後，我連有專門的徵才雜誌都不知道（笑）。所以透過體育報刊（笑）。因為我喜歡運動，在家都會看體育報刊。

然後，後來，有一間店讓我覺得，大家人都很好，在這裡工作的話，好像做得下去。

不過，為了保險（起見），我又去（別的店）面試，結果每一間店都請我明天就開始上班。

最後去的第五間店，裡面的人都很好。面試我的人也是。當時對方跟我現在的年齡一樣。三十歲的姊姊，在那裡當店員。她說，她當初的目標就是只做到三十歲，所以現在才在這間店當店員。而且（她還說）也會教我工作上的事。

她跟我說：「因為上面的人說要培育新人，為這間店塑造新風格。找些像妳這樣對這種工作完全沒有經驗的人啊，因為我們店裡熟女類型的人也愈來愈多（笑），現在正想要讓這間店的氣氛煥然一新。上面的人說，像妳這樣的人來應徵的話，一定要錄取。」雖然我有點懷疑，自己到底做不做得來，但她說：「方便的話，請妳明天就來上班。」

其他的店，像那間規模很大的店，也都有仔細地向我說明。不過，畢竟是第一次做這

26譯註：不是按月繳款，而是在公司發放獎金的時期繳款的一種債務償還方式。使用這種償還方式，有時每月需要撥出的金額，比按月分期還款更少，還款期間更短，總金額也更少。這裡的每個月，可能是指每個月撥出一筆錢，但基本上是以獎金的方式繳納。

樣的工作，心裡還是覺得不安，就在這時候，去面試的最後那一間店，也算是有讓我比較安心一點（笑），所以就想說，那就來這間店吧。

——妳現在的男友知道嗎？做特種行業。

不，他不知道。我瞞著他偷偷做的，原本想說花個兩年，沒想到一年之內就（把欠債）還清了，我自己也很驚訝。

——如果沒有欠債的話，妳是不是就不會進入這行了？

是的。我不會做這個工作。嗯。

因為我一直覺得，自己不是那種擅長吸引男性注意的人，我一直覺得……讓男人，嗯，該怎麼說，對我產生興趣，絕對不是我的強項。我從來都不覺得，自己能勝任這種工作。

如果沒有欠債，我想我大概就只會當個普通的粉領族吧。我覺得，我完全是進入一個自己做不來又非常困難的領域（特種行業）。

所以，我那時候是在什麼都搞不清楚的情況下，下海的。尤其是指名制度，一開始我還沒弄懂是怎麼回事。我想說，真的會有人指名找我，真的會有那種專程為我而來的客人嗎（笑）？

——啊哈哈（笑）。

我一直很懷疑（笑）。

——所以妳現在是瞞著男友偷偷存錢囉？

是偷偷存錢。要是被發現，就大事不妙了（笑）。

——因為妳是一個好妻子、一個賢妻良母型的太太吧（笑）？

啊，賢妻良母型……特種行業的小姐其實到最後，就像是自己在當老闆的感覺，所以很多特種行業的小姐，個性都比較男性化喔。說起來，因為我男友都有把薪水交給我管，所以表面上是他在養我。

——你們同居很久了吧？不打算結婚嗎？

雖然也有討論過結婚的事。但畢竟我婚姻失敗過一次（笑）。其實是我比較不想結婚。而且，現在又還在做特種行業，我想說，還是要完全跟這份工作一刀兩斷後，再來結婚比較保險。

萬一又一次，是不是？我可不想在婚後，被發現在做特種行業，結果又多一次離婚紀錄（笑）。我想說，離婚紀錄還是維持一次就夠了（笑）。

——男友有向妳提過結婚的事嗎？

啊，有提過，但我告訴他，我沒有什麼興趣。談到最後，我甚至跟他說，如果非結婚不可的話，那他最好去找其他女生交往。

——說到這麼絕？

嗯。那是在我二十五歲的時候。不過，也沒有因此怎麼樣，我們感覺上就像老夫老妻了。在一起七、八年了。只差沒有登記在一張紙上而已（笑）。已經像老夫老妻了。

因為我會對（糾纏不清的）客人表示說，我已經有丈夫了，所以，說起來，其實也不算在騙人。就算有小孩也不奇怪吧（笑）。

——那生小孩的打算呢？

也不是沒有生小孩的打算。還不是時候。我還滿喜歡小孩的。

——小孩很可愛，對吧？

嗯，很可愛。

（已在專有名詞、實際關係上做了大幅變更。）

朝向普通的意志

就在前幾天，我發現了一個非常奇妙，也非常美好的部落格。

但畢竟是個人私底下經營的部落格，所以不便在此公開網址。該部落格已持續更新超過四年，部落格格主是一名年事頗高的易裝者（Cross-dresser），也就是喜歡穿異性服裝的人，內容多是一段日記風的短文，再搭配上自己穿著年輕女性服飾時，拍攝下來的照片。

那上面張貼的照片，全都是在古城遺跡、日本庭園等「名勝古蹟」所拍攝的肖像風照片。也有可能是將自己在其他地方拍攝的照片，和這類場所的照片加工而成的合成照。

而部落格的文章，幾乎都是討論時事問題、身邊發生的社會問題，或演藝人員的話題等等，通常會先寫上一段新聞性的內容，再加上自己的看法。沒有任何偏激的政治意見，每一篇都寫得四平八穩。

例如，雲淡風輕地談論關於天氣、關於洗衣、關於換被單等生活周遭的話題；受不了電視上無趣的新年特別節目，聽不下去搞笑藝人的低俗對話；為站上國際舞台的日本選手加油；援引酒駕肇事的新聞，奉勸喝酒的人「飲酒要適可而止」。

抑或是談論格局更大的政治情勢或經濟問題。批判美國獨善其身的中東政策；對於安倍總理在地震災後重建計畫上的進展緩慢、不見成效，感到氣憤難平；對中飽私囊的政客、冷血無情的官僚感到憤怒；對兒童受虐致死的新聞感到痛心，感嘆「世道淪亡，人心不古」。

有時替不幸遭逢事故喪生的兒童哀悼，有時懷念地訴說，曾經飼養的貓狗的往事。有時也會張貼自己喜歡的歌曲歌詞。

文章寫的是時事問題、天災人禍、生活周遭話題、回憶過去養的寵物等。照片則是部落格格主身穿粉領族或女高中生的衣著，帶著微笑靜靜地站在名勝古蹟、歷史性建造物、視野遼闊的場所、有名的建築物、景色優美的公園，或美麗的玫瑰花園前。照片與文章毫無格格不入之感，而且不附加任何說明，只是靜靜地擺在一起。文章裡面亦完全不會提及照片的事，這一點讓這整個部落格，變成一種獨特的存在。

老實說，當我看到這個部落格時，原本先入為主的觀念便被徹底顛覆。因為我一直認為，易裝者要展現其性向時，理所當然會談論自己的性向。

部落格上既沒有使用易裝者經常使用的誇張女性用語，也不會慷慨激昂地解釋何謂易裝者。就只是使用十分普通的恭敬語體，寫上一篇關於天氣、新聞或演藝圈的文章，幾乎每天更新。然後再附上一、兩張自己的照片。無論文章或照片，都像無風無浪的大海般，平穩而寧靜，敏銳易感而又溫柔大度。

這個部落格，似乎已在一小部分的網友之間，引發討論，而其中也有人，對那反串易裝的照片冷嘲熱諷。不過，我覺得這個部落格整體來說，確實既奇妙又獨特，而它同時也十分美好。

簡單來說，所謂的少數族群，就是被貼上「標籤」的一群人，這一點大家應該都知道。不過，當我們想要「實現」標籤「不存在」的理想時，又會用什麼樣的形式去達成？這個部落格在做的，就是這種嘗試。它是一個「實驗」紀錄，記錄下這個安靜且個人性的、渺小又充滿勇氣的實驗。

而在理解這件事之前，我們必須先理解什麼是「標籤」。

對於他們，我們可能有種種不同稱呼，像是少數族群、當事人等等。一直以來，我見面採訪過許多這樣的人。當我們試著思考這些對象的存在意義時，其實不只是針對少數族群去做思考而已，同時也是針對多數族群、一般市民或「普通人」去做思考。

粗略地說，我向來的工作，就是針對少數族群，進行各種採訪及思考。但到最後我總是會覺得，這種說法雖然老套，但「普通」還真是不存在於任何角落啊。

但我說的不存在，不只是一般人常說的——「乍看之下很普通的一般人，也各自有許許多多不同的隱情或狀況，從這個角度來看，一般人其實也不普通，每個人都是與眾不同的存在。」雖然這種說法也是事實。

每當我思考何謂多數族群、何謂一般市民時，都會覺得那指的是「在龐大的結構中，我們無法指出／不會指出的存在」。

在日本，若是「在日朝鮮人」、「沖繩人」、「身心障礙者」或「同志」等少數族群，就會老是被指指點點、被貼上標籤、被指名道姓。相反地，若是「日本人」、「日本內地人」、「身心健全者」或「異性戀」等多數族群，就不會被指指點點、被貼上標籤、被指名道姓。因此，我們雖然會權宜性地用「日本人」一詞，當作「在日朝鮮人」的相反詞，但這兩種概念，基本上並不存在於同一個平面上。其中一方是有色的，反觀另一方，卻未被賦予另一種不同的顏色。我們多數族群打從一開始就是「沒有顏色」的。

在日本，大家會討論「身為在日朝鮮人的經驗」，卻不會討論「身為日本人的經驗」。一邊是有過「身為在日朝鮮人的經驗」的人，另一邊則是「對於民族這種事沒有任何經驗，也從來不曾去思考」的一群人。

而這就是所謂的「普通」。沒有關於那些事的任何經驗，也從來不必去思考的一群人，才是「普通」的人。

我經常帶著學生，到大阪南城的表演餐廳去看人妖秀。通常女學生們都會玩得非常盡興。看起來，在那樣的空間裡面更能感到解放感的，反而是女性。有一次，店裡的人妖小姐趁著表演的空檔，來到坐滿女學生的那一桌，對她們開玩笑說：「妳們女人真好，不必上妝，穿件T恤就是女人了，哪像我們人妖，化了這麼濃的妝，打扮得花枝招展，還只是個人妖而已。」

我不禁覺得，這才是所謂的普通——就算沒有上妝，穿件T恤，依然能保持女人的身分。

當然，我們男人又更進一步地免除了「你是哪種性別」的課題。當我們男人以「個人」的身分，盡情展現自我時，女性們卻總是被貼著「身為女人」的標籤。

那麼，我們該如何，才能讓那些被社會貼上有色標籤的族群，「變得普通」呢？

其實這正是各種反歧視運動中，最不可或缺的一項重大目標。反歧視運動最早想到的目標，就是撕下標籤，讓這個族群變成「無標記」的狀態。但這麼做，等於是否定自己的出身。比方說，被歧視部落是因為「出生於該地／居住於該地」而受到歧視。任何人最先想到的解決方案，一定是「那大家要不要一起搬離該地，從此隱瞞自己的來歷活下去？」

然而，要一輩子隱瞞自己的出身，這件事本身就是一件十分辛苦的事，而且恐怕還會迫使自己不斷問自己：「我到底是誰？」標籤一旦被貼上了，就無法輕易撕下。

因此，一般的做法，是維持被貼上標籤的狀態，進而翻轉該標籤的價值，對該標籤抱著驕傲與自尊。換言之，就是超越歧視。不是「裝作不知道」標籤，而是「與標籤共存」。

關於社會運動的話題，我想就此打住。重要的是，若想要將被貼在身上的社會性標籤撕下，就會引發種種難以克服的問題。同時，這也需要無比的勇氣。

如果想要理解「被貼標籤」是怎麼一回事，可以用一個例子來說明——「每當你要向大眾表達些什麼時，你身上的標籤就會被強調一次。」

比方說，就像女律師或女性作家這樣的稱呼，她們的頭銜經常會伴隨著「女」、「女流」等字眼，但沒有人會刻意強調「男」或「男流」（事實上「男流」這個詞彙連電腦輸入法都無法自動拼出）。當媒體討論到女律師或女性政治家的話題時，都一定會強調「她們是女性」。

我們不妨來想像一下，如果反串易裝變成一件「平常的事」，那會是一個怎樣的世界。在那個世界裡，恐怕連「易裝者」這個詞彙都不存在。反串易裝已徹底成為一種理所當然的選項。普通的某個人在日記、部落格、推特或臉書上寫文章的同時，張貼反串易裝的照片，也不會讓任何人，產生格格不入之感。

說得極端一點，在我看來，這個部落格就彷彿是一種試圖實現烏托邦的嘗試。

如果有一個世界，視反串易裝為一件普通且理所當然的事，而那個世界中也存在著易裝者的部落格的話，那個格主應該會一邊貼出反串易裝的照片，一邊雲淡風輕地寫著時事問題與日常性話題吧。當然，並非每個易裝者格主都是如此，一定會有更多元化的樣貌，但至少這很可能是「其中一種樣貌」。

身上被貼上標籤的人，要真正達到「無標記」的狀態，是十分困難的。所以，這個部落格也因為「不去提那件事」，而使整個部落格變得有些與眾不同。但這其實是「一個想要變普通的人」，意志強大而堅定地，以其沉著的勇氣與熱情所創作出來的作品。

換句話說，就是在不提及自身標籤的情況下，純粹以一個表達者的身分，公開表達自我。這大概是被貼上標籤的人，在公開表達自我時的一種理想狀態吧。

當然，這和社會運動在現實中所要達成的目標，大相逕庭。因為要讓一個標籤完全去除、徹底遺忘，談何容易。現實中，被貼上標籤的人，只能接納標籤，與之共存。

但這個部落格，是一個易裝者，在這樣的社會中所做出的嘗試，一個渺小夢想的實現。在這裡，未曾談及之所以成為易裝者的緣由、對自我認同的讚揚，或對社會打壓的批判等等。她沒有在跟任何人、任何事物對抗。她已躍過了那樣的對抗，在自己的迷你玩具屋，實現一個打從一開始就沒有那些困獸之鬥的理想世界。

一個沒有任何人會被誰指指點點、平和安穩的世界。一個能夠在全然忘卻「我是誰」的狀態下，自由表達的世界。這便是我們的社會所見之夢。

慶典與躊躇

大學時代，內人獨自住在大學正門附近，一處學生們愛去的熱鬧街區。某年夏天，她留在大阪打工，沒回老家。一天深夜，她到便利商店買東西時，發現有一個看似同為大學生的男生，雙眼一直緊盯著她看。她走出了便利商店，那個男生也跟了過來。雖然那一帶有很多學生居住，路上的行人也多，但那天實在太晚，所以她不直接回家，而朝著與住處相反的方向走去。那個男生也一直尾隨在後。

她進入一間音樂工作室，那是她當時打工的店家，所以她就在店裡和同樣在那裡打工的朋友聊天。原本打算透過打發時間來擺脫那男生，卻沒想到走出工作室時，對方竟還守在外頭，而且又跟了上來。再怎麼四處繞來繞去，就是擺脫不了對方，於是她回過頭問：「你有什麼事嗎？」

「大家都回老家了，找不到人說話，我覺得很寂寞，所以想跟妳交朋友。」

那男生吞吞吐吐、喃喃細語的回答激怒了內人，她對他喊道：「一直跟在別人後面很恐怖好嗎！」對方一聽，噘起嘴說：「我只是想交個朋友而已。」語畢，他二話不說，快步地掉頭離去。

只留下內人獨自站在原地。

我一方面覺得，若是用不一樣的方式，或許兩人早已成為朋友；另一方面又覺得，那男生就是只會用這種方式，才會交不到朋友。但其實我自己年輕時，也是一個不擅長處理這種孤獨感的人，所以也不是不懂他的心情。只不過，做出這種讓女生受到驚嚇的行為，被女生指責之後卻惱羞成怒地表現出一副自己才是受害者的模樣，這種做法真的讓人覺得好氣又好笑。同時，我也覺得，內人在感到害怕時，也懂得生氣、懂得向對方說「不」，實在太了不起了。

在講這件事時，內人還進一步告訴我，雖然她現在四十多歲，依舊十分怕生，只不過年輕時更嚴重。因為害怕陌生人，所以會在無意中對周圍的人，尤其是男性，散發出「別接近我」或「別跟我說話」的氛圍。能夠察覺出這種氛圍的人自然不會靠近她，但這麼一來，會靠近她的反而都是一些神經大條，完全感受不到這種氛圍的人。

當然，她的說法應該有相當程度的誇飾。不過聽起來，她自己也覺得，現在回想起來，那些靠近她的人之中，也有一部分的人是值得再多交流一下的。儘管如此，跨越屏障與他人交流，真的很不容易。分寸一沒拿捏好，就會變成男性對女性的暴力。

人類學家小川さやか所著的《都市生存的奸巧——坦尚尼亞的零售商人馬欽加的民族誌》（都市を生き抜くための狡知——タンザニアの零細商人マチンガの民族誌，世界思想社，二〇一一），內容令人大開眼界。小川深入街頭販賣的世界，漂泊於坦尚尼亞的大城市中，打入他們的團體，最後自己也成了一名流動小販。一個年輕的日本女性，在

坦尚尼亞街頭，販賣二手衣，這在當地一定很引人矚目吧。

小川進行田野調查的「深入方式」，十分耐人尋味，不過書中所描寫的「馬欽加」（*Machinga*，指在街頭進行零售販賣的流動小販）的世界，更是讓人拍案叫絕。發生在那裡的是，人與人之間最直接的交易，他們幾乎不受任何「外部權力」的規範。因此，做這一行靠的是，各式各樣的機智、機巧，或者「奸巧」。街頭上，不只是小販和顧客之間，連小販和小販之間，都會互相誆騙、欺瞞、大玩文字遊戲，好讓自己獲得最大的利益。

但有趣的是，由這些馬欽加建構而成的世界，不會因相互之間的背叛、鬥爭而分崩離析，反倒能互相維持最低限度的信賴關係，使他們的世界順利「運作」。我們都以為，若沒有警察、軍隊等外部強制力，道德與秩序就會瓦解。然而，馬欽加們卻在一個沒有這些強制力的地方，一邊互相欺騙，一邊生存下來，因為那裡至少還存在著最低限度的信賴與信用。讀了這本書，我深刻地感受到，所謂的「社會」其實是一個即使包含了許多「不好的東西」，依舊能「自然而然」建立起來的群體。「在一個沒有強制力的地方，人與人之間就只有你殺我、我殺你」，對有著這種先入為主觀念的我們而言，那本書是一本讀來大快人心的「解毒劑」。

我們一發現可怕的事、討厭的事，就會立刻向老師打小報告，或通報警察。可是，其中很多自顧自地大吵大鬧的狀況，可能只是這些當事人，在電車上或街上情緒高昂到忘了周遭的存在而已。只要儘量保持笑容地拜託對方：「不好意思，可不可以不要那麼大聲？」對方多半會帶著笑容回說：「啊，對不起，一時沒有注意到。」

我們真的很害怕「陌生人」，尤其觀察網路世界，更能察覺此事。那裡充滿了毫無來由、無憑無據的恐懼，連帶讓網路世界也瀰漫著一種陰邪而病態的憎惡。

我經常會想起，小川さやか描寫出的那種，與陌生人之間，幾乎可說是「慶典式」的幸福邂逅。當然，在長年的田野調查過程中，她一定也遇過許多真的很不愉快，或人身安全受到威脅的事，但小川（十分歡樂地）描寫出的卻是，在一個彷彿廟會祭典般熱鬧的街頭世界中，各種人來人往的邂逅。

然而，同時我也會想起，內人告訴我的那段往事。那不單是一場不幸的邂逅，更是一種令人為之驚悚的精神暴力。這樣的事也不是不存在。

邂逅有時也會成為暴力。

我曾在某雜誌上（《atプラス》二十三號，太田出版，二〇一五），將小川さやか的這本書，與韓裔導演梁英姬的電影《應許之國：雙重人生》（二〇一二）做比較與論述。我認為這兩個作品同樣都在傳遞十分重要的訊息，但兩者可說恰恰相反。

導演梁英姬的電影《應許之國：雙重人生》，是描寫一個因「歸國運動」[27]而回歸北韓的在日朝鮮人，時隔二十五年後，與留在日本的家人重逢的故事。這部電影，不斷呈現出在日朝鮮人的處境，以及二戰後日本社會的樣貌，但也始終都圍繞著這個家庭，細膩地描寫著他們渺小而瑣碎的日常生活。

27譯註：於一九五〇年代至一九八四年間，在日北韓人響應朝鮮最高領導人金日成的號召，從日本返回朝鮮的運動。

故事發生在一九九七年夏天，主角理繪是一個在日朝鮮人年輕女性，住在東京下町。理繪在老家與家人同居生活，父母平日經營咖啡廳，而她還有一個名為松浩的哥哥，但是他在一九七二年，十六歲時，就已「回歸」北韓。

哥哥為了接受腦部手術，在時隔二十五年後，即將回到日本，故事便是從這裡開始。劇情隨著晃動的手持鏡頭緩緩展開。作為故事舞台的老家，與其一樓的咖啡廳，都是既老舊又帶著一點骯髒，很有生活感。這種咖啡廳與老家的生活感，可能正是梁導演最想呈現的部分。那是利用視覺表現手法，向觀眾傳遞「有人真實地活在這裡」的訊息。透過鏡頭，將這些訊息直接訴諸觀眾——鏡頭拍下的，並非民族或人種的分類，而是有血有肉、各有人生的「人」。

電影淡漠而平靜地描述著，久別重逢的一家人的日常生活，然後突如其來地，以一種荒謬而不可理喻的方式結束。觀眾被目瞪口呆地遺留在銀幕的這一側。

梁導演想藉由這部作品描寫的，不是與陌生人的邂逅，而是「身為陌生人」這件事。本片中沒有任何一場戲，是在描寫與一個有良知的日本人之間的幸福邂逅。豈止如此，片中更幾乎沒有什麼日本人出現。故事就只是單純地描寫著，以這一家四口為中心的、在日朝鮮人的日常生活與現實處境。

我常常想到的是，這部電影並沒有像《奔放青春》（パッチギ！）一般，將「不被描寫」的事物，化作一個美好邂逅的故事（不過《奔放青春》也是一部我真心喜愛的好電影）。

對於在日朝鮮人、部落民、沖繩人而言，或者對於女性、身心障礙者而言，我很顯然就是一個站在多數族群立場的人。不過，雖然能做到的有限，但我仍在能力範圍內，為了更深入了解他們而持續不斷地學習，因此無論於公於私，都與這些人有了更多交流。

但是，歸根究柢，我依舊只是個多數者。

我一直在思考，和學生們探討這類問題時，應該如何指導比較好。基本上，我會希望身為多數族群的學生，也能對這類問題有所認識，可以的話，也希望他們能和身為少數族群的人，直接見面。但這種情況下製造出的邂逅，也有可能成為暴力。

我會帶學生們去鶴橋、沖繩或釜崎等地，當作校外教學。[28]有一次，在另一所大學任教的友人，請我帶他的專題課學生去釜崎。大約有五名學生，恰好都是女性，所以一開始我有些猶豫，但畢竟是教學中重要的一環，所以我還是帶著她們成行。

雖然我自認已小心謹慎、多方顧慮，但街上的醉漢，有時還是會對著我們叫罵。大多數的學生都能理解，這種事就是有可能發生。只有一名同學，因此認為釜崎是個「恐怖」的地方，留下了負面印象。後來經我再三說明，那名同學最後應該也能理解，大叔們在街上討生活是多麼艱辛的事。但我至今仍不知道，這種時候究竟該如何是好。

從女學生的角度來看，無論街友生活再怎麼艱困，他們仍舊是「大叔」，是「可怕的男性」。和這種對象保持距離，是很能理解的行為。但在此同時，要大叔忍受「被人專程來觀看」，恐怕也是件難以消化的事。他們一定會想對我們說：「老子在這邊，可不是讓你們看好玩的！」經過那次經驗，後來要帶女學生去釜崎，我都只選在有特殊節慶的日子，像是八月的夏日祭典（就是真的當成參加「慶典」）。

跨越屏障這件事，從各種角度來看都有可能成為一種暴力，而我當初就該更嚴謹地思考這個問題。然而，若不越過那道守護我們的屏障，包括那名女學生在內，我們一輩子都不可能與生活在屏障外的人相遇。關於這件事，我真的到現在仍不知該如何是好。

身為多數族群的我們，因為受到以「國家」為首的各種屏障保護，而無須去思考屏障這件事。當我們愈看不見屏障，屏障對我們的保護效果就愈大。比方說，正因為我們日本人，不會因國家而被迫骨肉分離、友伴離散，所以我們才能將這件事與國家分開思考。因為擁有各種「特權」，我們才能保有最個人而私密的生活。當然，我們在這樣的生活中，仍存在無數的個人煩惱與痛苦，但也就是多數族群的人，才「能夠」將那些事當作個人的問題來苦惱。

我們因屏障的守護，而能以「個人」的身分活在世上，但在面對屏障外的陌生他者時，我們的心靈卻被一種莫名的恐懼支配。對於陌生人，我們的心靈深處，確實有所畏懼。這些焦慮、畏懼、膽怯，非常容易轉化成對他者的攻擊。

28 譯註：鶴橋為在日朝鮮人聚集之地，釜崎為街友與勞工聚集之地。

所以這個社會需要的是，與陌生人邂逅，並分享這種邂逅帶來的喜悅。或許會有人覺得，說這些冠冕堂皇的大道理，幼稚無比。但我們的社會已走到，冷眼笑看已無法產生任何意義的地步；我們的社會已來到一個，再冷眼笑看下去，事情將變得無可挽回的關頭。我們無論如何都有必要，純粹地肯定「與不一樣的存在共存」的價值。

然而，值此同時，我們對於「身為陌生人」，也必須擁有足夠的敏感性，讓自己在闖入他人領域之前，敏銳地停在界線之外，不再深入。梁英姬拍攝出的作品，充滿內省而又陰鬱沉重，她從未試圖滿足我們對安逸的邂逅或對話，所懷抱的自我中心的期待。容我再強調一次，我認為，這部作品中沒有出現任何「有良知的日本人」這一點，看似細枝末節，卻藏著非常重要的意義。至少梁英姬透過這部作品，描繪出某個「深切的什麼」，而那個什麼是我們無法輕易深入的。

兩者並無孰輕孰重的分別。事實是，我們同時缺此又少彼。

交出人生

小時候，我成天看書，老是將自己幻想成書中人物。小四還是小五時，電影《星際大戰》上映，我著迷不已，因為零用錢不足，只在電影院裡看過兩次，但同時出版的電影小說，則被我反覆閱讀到紙張皺爛。我記得「Force」一詞在初版書中，是翻譯成「力場」，而非「原力」。此外，我也很愛看科幻小說、驚悚小說，以及經典的兒童文學、傳說故事。

讀著讀著，我開始感到痛苦，因為出現在各種小說中的主人翁，以及穿梭銀河、大展身手的路克·天行者，他們都和我那麼不一樣。年輕的路克也為許多身邊的事，而有著深刻的煩惱。但他的煩惱是關於素未謀面的父母的事情、自己與養父母之間的關係，以及，是要離開邊陲故鄉塔圖因還是留下。這些確實是值得煩惱的問題。

然而，當初閱讀這些小說時，占據我心頭的煩惱卻是，我喜歡的朋友竟然跟我討厭的人走得很近、不知為何隔壁班的同學要來惡整我，或者，回想起來依舊惡劣到讓人生氣的老師所做出的蠻橫要求，又或是自己無法理解、不懂得處理的性慾。

小說或電影中的人物，總是在煩惱著值得煩惱的嚴肅問題，或者認真面對值得全力以赴的人生大事。

自己居住的城市遭到外星人攻擊，眼看家園就要付之一炬。此時，主人翁犧牲自我，英勇地挺身抗戰，抵禦外敵。

反觀小學生的我，則是不能接受全班同學都被迫做一樣的事而蹺了一堂體育課，結果在放學前的班會中被彈劾，我不服輸地和全班同學吵起來，吵到自己激動到嚎啕大哭。當時的我，每天都過著如此沒出息又狼狽不堪的日子。

當時內在那些無用的情緒，怎麼甩也甩不掉。毫無意義的情緒起伏，一直牽著我的鼻子走，搞得我筋疲力竭。只有陪我家養的狗玩耍時，才是讓我的心靈得以喘息的時刻。自己的煩惱如此難堪、沒出息，相較之下，路克．天行者的煩惱和痛苦，是多麼雄偉不凡，這實在令當時的我既羨慕又不甘心。

當時的我當然也知道，這些小說或電影，從任何角度來看都是「虛構」的，所以主人翁的形象被去蕪存菁，所有「人類軟弱的部分」都被捨棄，只剩下好得不自然的「英勇內在」而已。

雖說如此，但對當時的我而言，若是讀那一類「現實」地寫出人類難堪面的純文學或私小說[29]，只會令我感到內容既囉嗦又陰沉，讀來實在不快，而且老實說，我那時根本不能理解，沒有外星人或時光機的故事，到底哪裡好看，我總是看個幾頁就放棄。所以，我對於純文學的知識與涵養，至今仍付之闕如。

如今都年屆四十過半了，而我依舊什麼也沒變。

探頭看看自己的內在到底裝了什麼，就會發現裡面根本沒裝什麼了不起的東西。有的只是，人生至今所搜集的片片斷斷的無用之物，它們之間既無關也沒必然性，甚至沒有任何意義，只是靜靜地散落在那兒。

我自己的個性，或對待他人的方式，其實也都不是原本就存在於我的內在。那只不過是我從身邊形形色色的人身上，模仿而來的習慣或說話方式罷了。國中的F同學、高中的Y同學和N同學，以及影響我最深的大學G同學和D同學，我半下意識地模仿了他們獨特的韻律與節奏、話題與笑料、表情與抑揚頓挫，體會當中「規則」，再加上個人化的編輯。這些最後沉澱、固著於我內在，而成了現在的我。

我的人格也是，從他人身上模仿幾種不同人格，並加以合成而來。我想每個人都是如此。這裡完全不存在「無可取代的什麼」或「世上獨一無二的什麼」。只有無比細碎的片斷性事物紛紜雜沓，毫無脈絡可循。

---

29 譯註：日本近代文學的一種特有體裁，取材自作者自身經驗，以自我揭露的方式，觀照人生卑微而醜陋的一面。

聽到「每個人都無可取代」之類的漂亮話，就反射性地產生厭惡感，或許是因為自己已徹底了解到，自己是多平庸、多不值一提，又毫無特殊價值的人。我想，這應該也是許多人的共通想法。

我們不得不與這毫無特殊價值的自己，共存至死。

羅列著一堆漂亮話，讚頌「每個人都無可取代」的歌，我毫無興趣。相較之下，如果有一首歌是在高唱「我們必須和平庸的自己妥協，這就是人生」，那我絕對想聽聽看。

只不過，有一件事，正是因為我們的人生如此無用，才得以做到。

很久以前，我曾對網路上看到的一篇短文讚嘆不已。有人提出這麼一個問題：「這世上沒有比錢更重要的東西。如果有的話，請告訴我。」對此，有人回應：「如果世上沒有比錢更重要的東西，那你就不可能拿錢去買任何東西了。」

我心想：哇，這就是所謂「一語道破」吧。

如果我們的人生無可取代、比什麼都重要，那我們就不可能捨棄人生了。沒有人要捨棄人生的世界，會是一個什麼樣的世界？是學校畢業後，每個人都會以穩定的地位為目標，參加國家公務員考試的世界。雖然這個說法對公務員們十分失禮。

很久以前，曾經有一個男學生說他想休學。在我任教的大學，學生要休學，必須先和教師進行諮詢（不知道這個規定有多大的意義）。事務處通知我擔任他的諮商老師。

感覺上，他是個認真、寡言又溫馴的學生，似乎總是後退一步，而不求在人前表現。

我問：「好不容易才上了大學，為何要休學？太可惜了吧？」他便回答：「我要在美國成為搖滾明星。為此，我想學吉他。為了學吉他，我想去讀美國好萊塢的音樂專門學校。為了讀美國學校，我就得學好英文。為了學英文，我想去補習班上課。為了上補習班，我必須打工。」

他溫馴的外表下，卻有著激進（而遠大）的想法，要嘲笑這兩者的反差，多麼容易，但我由衷為他加油。音樂的才能與外表無關，所以他按照自己的說法，一步一步實踐下去的可能性，並非為零。

以一般的標準來看，他的選擇對他自己來說極為不利。身為一名教師，我當然也有詳細說明，大學念到一半就休學，在目前的日本社會中，對他有多麼不利。但這並沒有改變他的決心。而他，乃至我們每個人，都有選擇那種人生的自由。

他的確是想功成名就。其實他看起來，也不像個交友廣闊的人。我猜，他是在大學生活中，找不到任何希望，而想說：「這種大學不如不念。休學後，到一個全新的地方，讓自己變成更有價值的人。」

想要功成名就，絕非易事，可能性趨近於零。但即使可能性再低，若不跨出第一步，就絕不可能功成名就。在我們跨出第一步時，最後能不能闖出名堂，還是個未知數。我們無法在跨出第一步之前，就知道自己能否功成名就。這是一場豪賭。

賭贏了，就能獲得「功成名就的人生」；若賭輸，要交出的則是「一事無成的人生」。

這時候，若「人生」無比美好，擁有無上價值，徹徹底底地無可取代的話，我們會怎麼做？我想，應該沒有人會自捨人生了吧。

請容我再次說明，我想表達的，完全不是每個人都有實現自我的可能性，更不是每個人都能實現夢想。

正如先前反覆提到的，我們過的反而是一種大器難成、虛擲光陰的人生。絕大多數的人都是活在被背叛的人生中。我們所說的自己，多半都是一個「原本不該如此」的自己。認真看待的話，大家最想要的，肯定是無災無難的人生、安安穩穩的人生。那樣的道路才是好的選擇。然而，世上卻有許多人，即使輸了就要交出人生，也不惜賭上一切。而那也是一種選擇。

我並非在說，哪一種選擇才是對的。只不過，我們有時會超越自我意願和自我意志，做出孤注一擲的事。

大學畢業後，我想脫離過去生活的世界，去一個截然不同的地方，因此投入了臨時建築工的世界。我至今仍記得第一次進工寮時，那種恐懼與緊張。胸口隱隱作痛，彷彿被人從過去習以為常的安全世界上，硬是撕扯下來一般。我扎扎實實地感受到，「既然來到這，就無路可退了，至少今天一天都必須跟這群粗暴的工人，在這個又髒又危險的地方，做完這些吃力的工作。」那種感覺近乎驚悚，就像被人拖向陰暗而冰冷的海底。

不過說也奇怪，在那同時，我也感受到一種前所未有的自由。最後，臨時建築工的工作，我整整做了四年之久。雖然對一輩子以此維生的人來說，四年只是一晃眼的工夫，但那段經歷卻改變了我的人生。

這個話題就在此結束，但我還想再多講一件事。只不過，這既算不上是補充，也無法讓任何人得到救贖。

判斷一個社會是否為「好的社會」，應該有許多不同的測量標準，但我想，「文化生產蓬勃的社會」一定是其中一項。在音樂、文學、電影、漫畫等各領域裡，產出驚人作品的「天才」愈多，就一定是愈好的社會。

那麼，孕育出許多「天才」的社會，會是什麼樣的社會呢？我想，必定會是個有不計其數的人，主動交出自己人生的社會。

要先有數百萬個人，捨棄高枕無憂的康莊大道，將自己的人生獻給漫畫，才能誕生出一個手塚治虫。

所以，賭上人生去做某件事的人愈多，「天才」從中誕生的機率就愈高。

當然，這並不是在說，因為如此，所以那數百萬個鎩羽而歸的人生，就變得有所意義。賭輸了就一無所獲，這就是人生。當我們捨棄了自己的人生，卻還是一事無成時，即使聽到別人說：「你的犧牲是為了孕育出萬中選一的『天才』，所以沒有白費。」我們恐怕很難理解，也無法接受吧。

只不過，有個想法一直存在我腦中一角：我們了無意義的人生，或許對存在於某個又高又遠又無從得知之處的某個誰來說，是具有意義的。

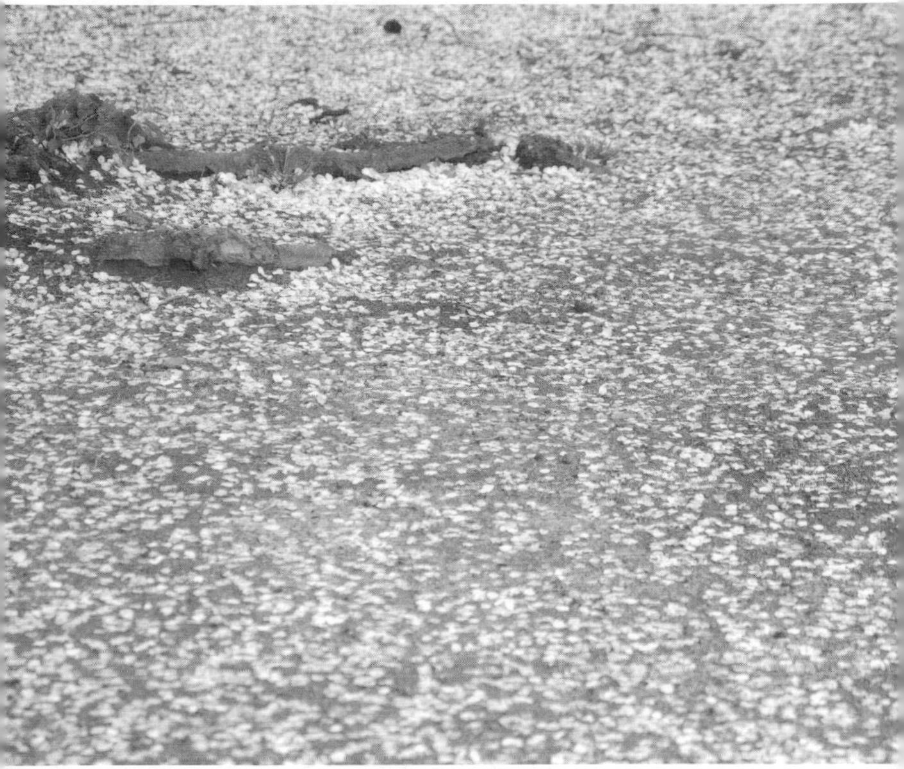

來自海的另一端

專題討論的課堂上，有時會討論到物質依賴、成癮，或直銷及新興宗教的問題。這時我總是會問學生：如果你親近的友人，沉迷於打小鋼珠到一種病態的地步，你會怎麼做？如果摯友或男女朋友，加入怎麼看都很詭異的新興宗教，你又會怎麼做？

即使是這些對社會問題感興趣，而參加專題討論課的學生，絕大部分還是會選擇，不去對交情深厚的對象說長道短。既然他本人覺得好，那不就好了？此時，「不強行闖入對方內心」的基本禮儀，對我們產生了強大的作用力。

只不過，那一堂專題討論課的女同學，卻會聯手規勸某個女生，趕快跟暴力相向的男友分手。看來實際上，她們還是會互相插手對方的私事。

雖說如此，但「尊重對方的想法和意願」、「不強行闖入對方領域」等規範，真的對我們的行動，造成了強大的約束力。當我們討論「在電車車廂內，看到有人有困難時，要不要立刻幫忙」的問題時，多數的意見也是「如果隨便出手，反而有可能造成對方困擾，所以還是先按兵不動觀察一下」。我認為，這也是從「對眼前的人不隨意介入」的規範中衍生出來的一種想法。

我們對遠在天邊的人很嚴苛，卻對近在咫尺的人很姑息。當我們看到距離自己遙遠的陌生街友睡在公園裡，就會覺得這些人真恐怖；聽到不認識的外國人接受政府的生活補助，就會有種權益受損的感覺。然而，自己身邊的摯友或家人，即使沾染了惡習，或一再做出愚蠢選擇，我們也很難出手阻止。我們說著「本人覺得好就好」之類的話，為自己的行為找藉口，對身邊的那些愚蠢的人寬大為懷。對身邊的人寬大為懷並不難。只不過，這種行為多半只是在逃避麻煩而已。

「本人覺得好就好」的想法，是一種體貼。我們也不希望別人來對我們覺得好的事說三道四。

然而，「本人覺得好就好」、「尊重本人意願」的說法，有時也會被當作宰殺肥羊時的話術。

幾年前，我為了進一步了解進食障礙，參加了各式各樣的學會和活動，卻看到舉辦場地的大廳，充斥著偽醫學業者的攤位，這令我十分震驚。某家業者還在舉辦會場，販賣要價百萬日圓的音樂盒。他們說，無論是暴食症或厭食症，只要聽了他們的音樂盒就能痊癒。研討會的籌備委員中，還有一些大力支持私人醫療行為或混合醫療[30]的醫生。

這些業者鎖定的目標，絕大多數都不是當事人，而是當事人的父母。患病的當事人病情太嚴重時，甚至會失去工作能力，因此業者專門將產品推銷給這些擔心女兒的父母。只要能讓女兒情況好轉，應該會有不少父母，不惜花上百萬日圓吧。

再舉一個情節較輕的例子。這類心理層面的治療，經常會搭配精油或瑜伽進行。對於這類輔助療法，我也並不排斥，但整體來說，醫師默認的這些輔助療法中，摻雜著大量的

「非醫療性行為」，其中有些還有詐欺之嫌，而這些可疑的療法卻混入整體，用「既然本人都說好」、「這是本人的意願」當作藉口，排除外來的批判或介入。我覺得，這是根據「本人覺得好就好」的邏輯，所建立起的心理操控機制。

然而，當事人的意願，確實是應該得到最大的尊重。

每次討論到這部分，總是令我語塞。

比方說，以色情片、性工作的議題為例。如果女性是「真心」想要，也喜歡從事這類行為時，那麼這些行為，到底是哪裡出了什麼「問題」？

當然，在色情片的拍攝及性工作的從事上，當事人的自願與否，是我們在探討時，最重要的一個問題。但這並非全部的問題所在，即使當事人自願，我們還是可以批判、介

30 譯註：指同時進行保險承認之醫療行為與保險不承認之醫療行為的醫療。

入，而在那些行業裡所發生的各種問題，也有批判、介入的必要。

只不過，這麼一來，有些女性就會感到「容身之處被剝奪了」。

數年前，一名厭食症的AV女優，在網路上引發討論。我只見過A片封面的照片，照片上是一個身材細瘦到病態的女性，正在進行性交的場面。我不禁對男性慾望的多元化，感到驚訝。

那名女性是在何種人生中、有著怎樣的經歷而選擇了這份工作，我們不得而知。不過，很有可能是，她在A片的世界中得到接納，受人親切以待，於是那裡便逐漸成了她的容身之處。

雖然是我個人的猜測，但我想，她對社會常理與常識的介入，可能是有所抗拒的；這樣的介入，可能只是在剝奪她的容身之處。

我也曾出席過幾次進食障礙自助團體的活動。那裡有著形形色色的女性，也有少數的男性。有一名女性說，她曾將死去的貓埋在公園裡，每隔幾天就挖開來盯著看，觀看屍體逐漸腐敗的過程。另外一名女性反覆割腕，到後來還用老虎鉗，拔去自己雙手雙腳的指甲。才剛剛新長出的短小指甲上，塗著深藍色指甲油，她開心地伸出手給我看。我對她說：「哦——好漂亮。」

要對拔去自己指甲的女性說「不要再做這種事」，不過短短幾字，何其簡單。但說了，有意義嗎？看到她那藍色短小的指甲，除了稱讚「好漂亮」，我們還能做什麼？

這世上存在著以「尊重當事人意願」為名的壓榨，同時也存在著以「擔心當事人」為名的強硬介入。

我們不是上帝。我們自以為緊握在手中的正義，說穿了也只不過是個人角度的正義而已。如果以為自己的正義可以與他人通用，那就大錯特錯了。那些偽醫學在我們看來明顯是詐欺行為，但對那些深信不疑的人來說，或許他們是「真的」有這個需要。從我們獨斷的角度來看，會覺得某些人正身陷水深火熱之中，但對他們本人來說，說不定那裡才是他們「真正的」容身之地。

這時候，濫用片斷而主觀性的正義，是一種暴力。

然而，成為上帝時該展現什麼樣的行為態度，是我們該擔心的事嗎？既然我們絕不可能成為上帝，我們也就不可能施展出，如上帝般的暴力了，不是嗎？

當然，即使不是上帝，我們還是能以人的身分，向他人行使殘酷的暴力。

或者，我們也可以祈禱。

我曾撿過一隻瀕死的幼貓。牠泥濘不堪，渾身是血，頭上穿了一個洞，直通下巴。我不知道是誰，不知是人還是烏鴉對牠做了什麼，只知道我十分驚訝於牠的生命力。我先是帶牠去動物醫院，注射了抗生素。回家後，我將牠放在澡盆裡，洗去身上的血和汙泥。因為家中已有養貓，所以我暫時將幼貓關在書房裡照料。也許是受傷的後遺症，牠總是微微歪著頭，後來聽獸醫說，可能是因為牠一隻耳朵失去了聽力。

撿到了，也不一定救得活，救活了，也不代表就有人願意領養。

轉眼間，傷口復原，幼貓變得活蹦亂跳，還會在我的吉他上搗蛋。找到領養人，順利送養後，家裡又恢復只有舊貓的生活。

隔了一陣子，收到領養人寄來的幼貓照片。只見牠已長大成一隻全白而優雅的成貓，美得令人驚豔。

我不明白，為何自己每天大啖著被宰動物身上取下的肉，卻又老是不由自主地撿幼貓回家照顧。也不知道這麼做，對幼貓來說是好是壞。

對於獵捕海豚和鯨魚，我是反對的。

明明每天吃著豬隻、牛隻的肉，卻又反對殺害海豚和鯨魚，的確不合邏輯。但我也不是在說，牛隻、豬隻的話，就可以儘量殺害。

只是，即使有在吃牛肉、豬肉，對於殺害海豚和鯨魚一事，我們還是可以「表明反對立場」。畢竟，現在早就沒人在吃海豚和鯨魚了，據說鯨魚肉也庫存充足，沒有必要刻意殺害。

這樣的論點，確實還有破綻，但即使知道自己的論點不夠完美，我們仍有權表明自己的意見。

而這麼做，當然也將招來批評。

相同的邏輯，也能套用在其他激進的意見上，像是要外國人滾出日本，要求政府廢止生活補助等等。任何意見都有表明的權利。

而那些意見，和我們的意見一樣，受批評是免不了。

如果上帝顯靈，我想，我會請祂放著我們別管，求祂不要介入我們。

但，非神的我們，都只是片斷性的存在，各自禁錮在名為「自己」的牢籠裡，既狹窄又不完整。

也正因我們只是渺小的片斷，我們才有「權利」闡述自以為是的正義。這種闡述，也很類似「祈禱」。正義能否實現，非我們所能決定。我們能做的，只是將紙條塞入瓶中，封上瓶蓋，讓它隨海漂流。誰會在哪裡撿到瓶子，甚至連有沒有人會撿到，皆非我們所能控制。

艾彌爾・涂爾幹（Émile Durkheim）曾說過，我們心目中的「神」其實是「社會」。人們的祈禱能否上達天聽，取決於「社會」。

另外還有一種神，是會帶來災難的瘟神。社會有時也會像瘟神般，朝毀滅自己的方向前進。無論是神或社會，都有可能犯錯。

我們祈禱著我們的語言，或者我們認為的正義、良善、美麗，會有某個神明聽到。沒有人知道，社會是否會傾聽我們的祈禱。但我們只能持續不斷地向社會，發出我們的聲音。我們能做的只有如此而已。

或說，至少我們還能這麼做。

娥蘇拉・勒瑰恩的《飛天貓與酷貓》（*Wonderful Alexander and the Catwings*），對我來說是一個具有重大意義的故事。勒瑰恩寫了一系列「飛天貓」的故事，故事中出現背上長翅膀、能翱翔空中的貓，而《飛天貓與酷貓》就是這系列的其中一本。

酷貓亞力山大是一隻調皮又自大的普通貓，和嬌小的「飛天貓」成為了朋友。飛天貓雖然能在空中飛翔，但卻在某個原因下，變成啞巴，無法言語。

於是，亞力山大對飛天貓做了一些非常「雞婆」的事。

我很愛這個故事，甚至可以說，我因這個故事得到救贖。然而，有些人看了，或許會覺得亞力山大的所做所為，只是擅作主張地干涉他人的內心世界而已。

只不過，我依舊迷惘。因為絕大部分的暴力，都出於「善意」。或許所謂的好壞，純粹只是來自後見之明：結果好的，就成了好事，結果不好的，就成了壞事，

甚至我們的整個「自己」，就有可能是從頭錯到尾的。

喪屍電影中，經常出現這樣的橋段——知道自己被喪屍咬到的人，趁著還有意識時，拜託同伴：「如果我變成了喪屍，就把我射死吧。」

我們每個人都會求別人，在自己變成喪屍後殺死自己，然而我們一旦變成喪屍，就無法說出相同的話了。

偶爾會有一些向來溫和的朋友，突然激動地怒罵韓國或中國，或在沒人談及的情況下，唐突地說起某個戰爭並沒有錯。

這時，我雖然會感到強烈的恐懼，但又總是會想，對方或許也是這樣看待我們的。甚至還會進一步思考「事實正如對方所說的可能性」。也就是說，「實際上」我這個人，說不定是一個徹底錯誤的存在。

我們是否該保持沉默？

最後留下的會是什麼？我們能做的，就只有向社會祈禱而已嗎？

這世上已不存在任何東西，能讓我們斬釘截鐵地說「這絕對是好的」。我們能做的，最多就是向社會祈禱。我們無法相信社會，因為社會中充斥著太多暴力與過錯。

我們各自禁錮在片斷而不完整的自己當中，自己也不確定自己的想法是否正確，卻仍試圖去影響他人及社會。我們沒有把握瓶子能否漂流上岸，被人拾起，卻仍將無窮無盡的字句，塞入瓶中，投向大海。

而有時候，我們會撿到來自海的另一端，飄洋過海而來的什麼，例如，一隻長大後變得又白又美的貓的照片，或是名為《飛天貓與酷貓》的故事書。

並不是說，正因如此，所以就如何如何。只不過，至少我們能說，即使如此，這種事也有發生的時候。

扔掉時鐘，與狗約法三章

小時候，我經常一個人玩一種遊戲，就是「試著不使用數字來想像『數量』」。將「1」、「2」或「一」、「二」的符號，以及「一」、「ㄦˋ」的聲音，徹底從腦中驅逐，試著在不使用這些符號或聲音的狀態下，直接想像出「1」或「2」的數量。我有印象小時候老是在玩這種遊戲。但即使不用數字或聲音，腦海中還是會自動浮現出數量剛好的蘋果或橘子，無法不透過具體事物，就想像出數量，因此遊戲總是以失敗告終。

不然就是，不透過任何樂器發出的聲音，試著想像出「Do」、「Re」、「Mi」這些音的音高。不是人類所演奏出的聲音，也不是機械合成出的聲音，而是純粹的音高本身。

再不然就是，長時間凝視白色牆壁，試圖看出它的「白」。不是看映入眼簾的「白色壁紙」，而是試著將附加在「白」這個顏色上的所有物質的質量，加以排除，看看自己可以「看到」其表面的顏色本身到什麼程度。

我想要知道事物的原貌，不附帶任何解釋。對象不限於聲音、顏色等抽象性的事物。

從我小學一年級開始，家裡養了一隻迷你雪納瑞。家中唯一會陪我玩耍的，就只有這隻狗而已。而她在我大學一年級的時候過世了。

她過世前的一個月左右，我一直獨自一人守在她身邊照顧她。因為種種緣故，那段時間老家裡除了我，沒有別人，所以一直都是我和狗單獨相處。

那時，她的癌細胞已擴散全身，只能倒臥不動，我想至少透過她的嘴巴縫隙，送入一些水分和養分，而用小湯匙舀著牛奶，滴入她嘴中。她雖然已無法排泄，卻還是不停地舔著流進口中的牛奶。

某天，我出門辦事，大約離開三十分鐘，她就在那段時間往生了。我毫不知情地回到家，打開玄關大門的那瞬間，忽然感到一片死寂，當場我立刻明白，她已經死了。她早已無法發聲、無法行動，所以就算活著，也不會製造出任何聲響，但那時候，不單是毫無聲響，是比無聲更無聲。

我抱著她，細細端詳她的臉，發現她好像在死前微微嘔吐，嘴角有些髒汙。我立刻抱起骨瘦如柴的她，進浴室一起洗澡。我一邊放聲大哭，一邊褪去全身衣物，抱著她的遺體，泡在浴缸裡，用洗髮精、潤髮乳替她洗淨身體。洗完澡後，我先用毛巾替她擦拭，再用吹風機仔細吹乾後，她的毛就變得蓬蓬鬆鬆，彷彿她還活著。當我為她做著這些事時，她的體溫卻一點一點地流失，身體也愈來愈僵硬。

往生之際沒能陪在她身旁，令我耿耿於懷。有人對我說，她是因為不想讓你看到自己死去的樣子，才趁你出門時早一步離開這個世界。我生氣地否定了對方的說法。

狗才不會想這麼多。狗才不會顧慮飼主怎麼想。她純粹是孤獨地死去。我就只是希望能在她離世那瞬間，好好陪在她的身旁。即使過了二十五年後的現在，我依然這麼希望。

如果我告訴自己，她是「為了我」而孤獨死去，換言之，她是「替我著想」，「不想讓我悲傷」而孤獨地死去，那麼我就只是在將自己沒能陪她到最後的行為正當化，只是在為自己開脫。那樣想，確實能夠帶來某種慰藉。但這充其量只是種自我安慰罷了。對我而言，選擇相信這種不負責任的自我安慰，就是在抹煞她獨自死去時所承受的孤獨，就是在推翻我自幼對她的愛。

我們喜歡將各式各樣的事物擬人化。可能是因為，這麼做能讓我們感覺到自己和周遭的世界，是「有連結的」。如果世界完全無法用我們的語言來解釋，那我們就太孤獨了。

前幾天，我扔掉了一只壞掉的時鐘。當時想說，至少把電池拆下來，但連電池蓋也壞了，只好連同電池一起丟掉。時鐘雖然是壞的，但秒針還在走，因此要扔掉的時候，我隱約覺得自己好像在丟棄一個活生生的動物。

即使進了垃圾筒，時鐘的指針大概也會繼續走著。到了星期二收垃圾的日子，它就會被裝進垃圾袋裡。然後，清潔隊的車子會載走它，而它的指針仍會毫不知情地繼續走著。被垃圾車載到焚化爐時，它將隨著其他大量的垃圾，被投入熊熊火焰中。

它究竟會動到何時呢？被焚化爐中的烈火燃燒，直到它完全死亡，這段時間它會感受到痛楚嗎？

我將那只時鐘扔進垃圾筒的那一瞬間，這樣幻想著，並為此感到胸口微微一陣疼痛。那瞬間，我和那只時鐘，產生了某種微細的連結。

但這只是癡人說夢而已。時鐘既不會感到疼痛，也不會因指針會動就有生命。時鐘沒有生命，就不會死亡。

我和那只時鐘之間，除了我單方面的想像外，並不存在任何連結。

我打從心底愛著那隻雪納瑞，至今依舊。那時她也是打從心底愛我。然而，她並非是替我著想，才故意趁我離開的短暫片刻死去。她純粹就是在那個時間點死去而已。死後，她就徹底不存在了。我雖然還清楚記得她的氣味、聲音、舉止、重量、觸感，但她對我卻什麼也不記得了吧。畢竟，她已不存在了。

我們的人生中，充滿了各種殘缺。既沒有偉大才華，也不是大富大貴，又沒有健全的體魄，我們必須和這樣落魄的自己共存，至死方休。

有時，我們會不自覺地將自己的這種遭遇，當成一種上天的懲罰，或來自他人的迫害。但顯而易見地，自己之所以生而為這個自己，並非懲罰，也不是誰的迫害，只不過是一種無意義的偶然罷了。而我們既然已在這無意義的偶然之下，生而為這個自己，那就只能作為這個自己，直到死去。因為我們無法選擇其他的人生。

這裡頭並不存在任何意義。

我們無法和我們周遭的世界對話。所有事物的存在，都是無意義的。而我們身陷的狀態，也沒有什麼太大的意義。

歸根究柢，就連每個人之所以是「這個自己」，都是毫無意義的。我們只是在無意義的偶然下，生而為這個時代的、這個國家的、這個城市的這個自己。接下來就只能這樣死去而已。

無論是爵士、巴莎諾瓦（Bossa Nova），還是演歌，當我們喜歡某一首歌，想要與他人分享那首歌時，我們就非得將那首歌放出來給對方聽。這件事說起來理所當然，卻也耐人尋味。

比方說，我們無法用語言來表達那首歌。我們雖然可以透過語言，描述那首歌的特徵、感受，但我們絕不可能寫出一段文字，讓人一看到那些文字的羅列，就彷彿親耳聽到那首歌一樣。

孩提時代，我會搜集圓形的小石頭、玻璃碎片、四角形磁鐵、閃閃發光的金屬片等「漂亮的東西」，將它們收藏在自己的房間裡，一有空就拿在手上凝神細看。我那時在做的，並非是把它們擬人化，並透過語言跟它們對話這樣的事。我純粹只是看著那些東西而已。

我和我養過的那隻雪納瑞之間，存在著一種無須透過語言的深厚的愛。我可以從她的眼神、她耳朵的動靜、她鼻子發出聲音的方式，接收到她的一切。

我從小石頭、玻璃、狗身上學到的是，「靜靜陪伴在側」這件事。

只不過，有時也會發生這樣的事。

我家附近有一間咖啡廳，裡頭養著一隻討人喜歡的迷你雪納瑞，因為他很可愛，所以我偶爾會去店裡作客。我和那隻狗，已變得像朋友一樣。

據店主所言，店裡養過的雪納瑞，到這隻狗已是第四代，他是最初養的雪納瑞的曾孫。第一代雪納瑞是在將近三十年前來到這間店，而且是日本首度引進的迷你雪納瑞家族的其中一隻。

過去我家飼養的那隻雪納瑞，也是首度引進日本的其中一隻。這是我們聽到的說法。

當然，這也有可能只是向顧客兜售犬隻時的話術。但附近咖啡廳的雪納瑞，說不定就是我那年夏天過世的摯友的親戚。實際如何不會有人知道，但我每次去見他時，都會想起她的種種。然後想著，不知她現在過得好不好。

某天傍晚，我在淀川[31]的河濱散步，看到一個大嬸帶著家裡的柴犬出來溜達。大嬸蹲在正坐的柴犬面前，雙手揪著柴犬的臉教訓：「不可以！我們不是約法三章了嗎！出門前，我們不是講好了嗎！講好了，就要遵守啊！」

一張臉被主人的雙手左搓右揉，柴犬顯得十分困惑。

我覺得，與狗約法三章的那個大嬸，與其說是將狗擬人化，不如說是分辨不出人與狗的區別。那是一種比擬人化更自然的狀態。我想，那個大嬸應該是一個不會將人與人以外的事物加以區分的人。我猜，對她而言，無論出門或在家，不管是盆栽、人偶、電視、廚房、貓、狗、人、房子，或電車，所有一切的一切都平等地活著。

人生以這種眼光看世界，也不失為一種美好。

31 譯註：流經大阪平原的大河。

故事的殘篇

這是從朋友那兒聽來的故事。

大約十年前，她曾到日本某縣，一間專門收容漢生病病患的療養機構觀摩，並在那裡看到一幅畫。

關於漢生病與那間「療養院」的事，無法在此詳述。今日，我們已不會對漢生病病患進行強制隔離與「絕育」，所以那裡成了一直住在院內的高齡漢生病病患，安養餘生的場所。

朋友參觀機構時，看到大廳裡掛著許多幅畫。這些畫都是住院者所繪製的作品。其中有幾幅女人的裸體畫。每幅畫都是留著長髮的女人，臉背對著畫面，看不見長相，乳房被塗上了鮮豔的粉紅色。

這些畫是出自一名當時七十來歲的男性住院者之手。據說，那名女性的裸體，是他在十五歲時看到的，僅有的一面之緣。

他在十幾歲就被強制住進機構中隔離，此後，他大概一直很珍惜著那一幕裸體的記憶。直到年過七十歲，他才開始畫畫。畫著風景等各種主題的同時，他也反覆以相同的構圖，不停地畫著他記憶中的裸女。

過去，漢生病療養院會執行強制絕育和墮胎，因此住院者很難擁有子嗣，但住院者之間可以結婚。因此，我們不知道，這名男性是否一直過著與女性無緣的人生，也不知道，那一幕裸體是否是他「唯一」親眼見過的女人裸體。但即使結婚，對象大概也只限於住院者，所以那一幕裸體，想必是他在「外面的世界」見過的唯一的女人裸體。

＊＊＊

年輕時，偶爾會瀏覽一個由某個巨乳狂熱者所建立的網站，這名網站管理人將搜集而來的巨乳女性圖片作成資料庫，大量刊登。

管理人單身，與年邁的母親，母子二人同住。他對巨乳極端狂熱，每當有錢有閒時，他就會到以巨乳為賣點的風月場所尋歡。並在網站上，將他對巨乳的熱愛，淡然地寫成日記（當時部落格還不存在）。

他的日記十分有趣，我偶爾想到時，就會點進他的日記頁面瀏覽。

某天，那名管理人在日記中，公布自己罹患癌症，而且相當末期。此後，他的日記，就從闡述他對巨乳的熱愛，變成記錄他與癌症之間的抗戰。

隨著病情逐漸加劇，到真的快要臨終之際，他再次提起了巨乳。他在日記上寫著，他要抱著對巨乳的熱愛，獨自一個人死去。

他雖然搜集了大量的圖片、影片，又頻繁造訪專門的風月場所，但在這之前，他只遇到過那麼一次自己理想中的巨乳。那名特種行業的小姐已離開那間店，所以無法再見到她第二次。

他反覆地寫著，他的人生別無所求，只要能再一次被夾在那道乳溝中睡去，此生便足矣。

後來他過世了，網站上寫著，網站此後將由該網站的核心粉絲共同經營。

如今那個網站也消失了。

＊＊＊

我曾在沖繩造訪過一間援助街友的教會，詢問了一些關於他們的故事。

那間教會擁有一棟很大的宿舍，收容並援助約一百名街友，但其中四成是來自日本內地（沖繩縣以外）。

據說，那些街友曾在內地各城市露宿街頭，四處流浪，但最後都對溫暖的南方島嶼，產生嚮往。而其中有幾個人，是為了尋死而來到沖繩。

在南國既溫暖又開滿美麗花朵、如樂園般的地方，有著一群為畫下人生句點而來的人。教會的牧師曾在公園中，營救過幾名試圖上吊自殺的男性。

不過，對沖繩人而言，這或許是一個既自私又擾民的故事吧。

＊＊＊

約莫在十年前，我與內人住在公寓大樓時，每天都會帶家裡的兩隻貓到頂樓散步。

某年夏天的夜晚，記不得我當時是因為出差還是聚會而不在家，內人便獨自帶著牡丹餅和黃豆粉上了頂樓。

公寓頂樓幾乎沒有住戶使用，到了晚上也一盞燈都不點，一片漆黑。那時時間尚早，大約七點左右。內人帶著兩隻貓上了樓梯，卻發現頂樓的出口處放置著一個不曾見過的紙箱。兩隻貓絲毫不以為意，奔向寬廣的頂樓。內人被那沒看過的大紙箱嚇到，心想萬一裝著什麼奇怪的東西可就不妙，便輕輕戳了一下紙箱。

接著，紙箱開始發出沙沙聲，內人嚇得不知所措時，從紙箱中冒出一個年輕的女孩子。聽說是一個看起來像一般人學生的樸素女子，穿著也很普通，而且兩手空空。當時兩隻貓在頂樓，內人為了保護毛小孩而故作鎮定地問對方：「妳在幹嘛？」對方沒答話也沒任何反應，一副張皇失措的模樣。內人也很害怕，心想先報警再說，而下樓回家拿手機。但當她再來到頂樓時，那個女孩子已在轉眼之間，連同紙箱一起消失無蹤。兩隻貓則是逃回家中。

＊＊＊

這個故事是關於住在某個集合住宅社區的一對父子。父親一直不好好工作，成天遊手好閒。有一天，一個道上的朋友，介紹了一份替右翼團體開宣傳車的工作給他。

父親雖然認識道上的人，但本身與黑道毫無關係，他為了接下開宣傳車的工作，燙了一個電棒燙的山本頭。[32]理由是幹這行，如果不這麼做的話，看起來就太沒氣勢了。

某天，他突然理成平頭。他的朋友嚇了一跳，問他的頭髮怎麼了。

原來他還在上小學的兒子，雖然不在意自己的父親替右翼團體開宣傳車，但就是無法忍受父親留山本頭。兒子好像對父親說：「爸爸留山本頭，我怎麼樣都不能接受啦！」

父親聽了，立刻將原本的山本頭理成平頭。

好像在不久之後，連開宣傳車的工作也辭掉了。

＊＊＊

這是很久以前發生的事。年輕時，我有一個女性朋友。雖然她的男友也是我朋友，但有一天她一個人來我家，和我聊了很久。男友為此對她大發雷霆。

有一次，她好像懷了孕。我問她後來怎麼辦，她說拿掉了。「哦，是喔。他至少有幫妳出錢吧？」「沒有，他不知道。」「咦？什麼意思？」「懷孕和墮胎的事我都沒有告訴他。」「這到底是怎麼回事？為什麼不說？」「我要是說了，他就會把我甩了。」

她為了不想被一個渣男拋棄，悶不吭聲地獨自一人去把孩子拿掉。墮胎的費用，當然也是花她自己的積蓄。在那之後，她若無其事地繼續和男友交往。

因為我是男性，所以我忍不住開始思考，一個和我交往的女性，在我不知情的狀況下，把我的孩子拿掉，而我對此事甚至一無所知，這究竟會是一件什麼樣的事。

不過現在我已知道，這不是我需要擔憂的事了。

32 譯註：常見於日本暴走族的髮型。

＊＊＊

幾年前，某個清晨，我和內人在住處附近散步。我們就住在大阪的市區，沒走幾步路就能來到鬧區。我們走在酒館和愛情賓館林立的街道上，在一間愛情賓館門前，看到一個穿著西裝、渾身是血的年輕男性，仰躺在行道樹的植穴裡。一個大叔呆立在一旁。

我問站著的大叔：「發生什麼事了？會死人的。有沒有叫救護車？」「沒有，沒有叫。」「為什麼沒有叫？快叫救護車啊。」「不用，不需要。」「怎麼不需要？我來叫。」

等待救護車時，仰躺的男人腳邊放著一個大型的包包，看起來像公事包。我問大叔：「這是你的包包嗎？」大叔只回：「不是我的。」

救護車抵達，救護員將躺在植穴、渾身是血的男人搬上擔架時，我對救護員說：「啊，這個包包好像也是他的。」就在此時，大叔慌張地拿起包包，抱在胸前。「你幹嘛？你說那包包不是你的啊。」聽我這麼一說，大叔突然挑釁地說了一聲：「嗄？」便作勢要朝我出拳。

事情發生得太莫名其妙，我也被嚇到，便脫口而出：「媽的，怕你啊？」救護員一臉厭倦地上前打圓場：「有話好說嘛。」最後，大叔抱著包包，和那個男人一起坐上了救護車。

＊＊＊

大阪的南端有一個名為「我孫子」的小鎮。我和內人在散步的途中，進了那鎮上的一間咖啡廳喝咖啡。後來，一個六十多歲左右的大叔，也走進店內坐了下來。

那個大叔頭上抹著厚厚一層髮油，梳成「後梳油頭」的造型，兩側頭髮向上推剪，剩薄薄一層髮根。他戴著雷朋的鏡面墨鏡，身穿皮夾克和黑皮褲，腳上穿著黑色的工程師靴。

大叔坐在位子上，對著手機講個不停。他用不同順序，來來回回地說著「A-ha?」、「Oh yeah」、「I miss you」、「I love you」四句英文。

內人和我一邊看他，一邊猜說，手機那頭應該無人接聽吧。說不定，在大阪某處的一個小城鎮上，一間又小又廉價的咖啡店裡，一個豪放又有型的大叔，正在演著一齣和外國女友講電話的戲碼。

＊＊＊

某個朋友的太太，是一名非常情緒化的女性，好像每次夫妻吵架，她都會破壞家中物品。有一次，她還把他工作上主要會使用的電腦拿起來砸壞。

那天他們也吵得很凶，他抱著筆記型電腦衝出家門，在家庭餐廳工作了一會兒，幾小時後便開車回家。回家路上，他看到他家的那個方向，升起了一條冉冉白煙，並傳來一股物品燃燒的刺鼻惡臭。

回到家一看，他發現自己的兩千冊藏書全部被堆在院子裡，淋上煤油付之一炬。他三歲的兒子根本搞不清狀況，在一旁開心地又蹦又跳，可能把燃燒的書當成了營火吧。

一聽到他大喊：「妳在幹什麼？」她便牽起兒子的手，鑽進自己的車子裡，也不說去向，就逕自開車離去。

令人驚訝的是，他太太明明沒說要去哪，但他幾乎憑著自己的第六感，以一己之力找出太太的車。但找到車時，車內已空無一人。

他繼續預測她的行動，綜合考慮她娘家的位置及其他多方因素，最後判斷她一定是搭新幹線去了福岡。他十分確信，因此立刻趕往新幹線的車站。

但此時，出現了一個問題——他本身有重度幽閉恐懼症，既無法搭飛機，也無法搭新幹線。到東京出差時，他都是搭客運或各站停車的慢速火車，只有這樣的交通工具，他才能勉強搭乘。

搭上新幹線前，他在販賣亭買了杯裝的日本燒酒，一飲而盡。但即使醉了，他還是感到焦慮，所以又買了一本色情書刊。他醉得滿面潮紅，手裡緊握色情書刊，搭上了新幹線。

到達福岡車站時，他看到太太正帶著兒子站在那裡。兩人嚎啕大哭起來，當場言歸於好。

抱著必死的決心搭上新幹線後，之所以能在幽閉空間裡，捱過那段漫長時間，都是因為色情書刊的正中央有一處封頁。[33]他打算等自己恐慌到無法忍耐，想要放聲大叫時，就把那一頁撕開來看。靠著這樣的想法，他才熬過了被監禁在新幹線車廂裡的數個小時。

我問他，結果那個封頁撕開後是什麼，他說，無毛陰部的特輯。

他們親子三人，現在和樂融融地生活在一起。

33譯註：兩頁的頁緣未裁斷而讓未購買的人無法偷看的裝訂方法。

後記

現在，世上的寬容與多元性，正在快速流失。我們的社會愈來愈排他，度量愈來愈狹小，愈來愈令人窒息。這是一個不容許失敗、不幸，更容不得與他人不同的社會。我們既不能失敗，也沒有資格不幸。我們被強迫要活得積極向前、自食其力、不仰賴他人。

我們只能從這社會強塞給我們的少數選項中做出選擇，還要被訓斥說：「既然是自己選的，就要自己負責。」這個社會讓人活得很累、很辛苦。

此時，比方說有個交情深厚的朋友，就能帶給我們強大的支持。然而，現在連交朋友都變得十分困難。奇特的是，這個社會已經把「尊重他人」和「與他人保持距離」畫上等號。當我們想好好善待某個人時，我們會做的第一件事，就是給對方空間、不插手干預、和對方保持距離。

這是一件非常詭異的事。因為照這個邏輯來看，「放棄理解他人，同時也放棄得到他人理解」，就是所謂的互相尊重。

但反過來說，一味想去理解他人卻又缺乏顧忌的話，就像是鞋子也不脫地走進別人家，用這種方式闖入別人的內心，也是一種不尊重人的行為。

歸根究柢，我們本來就是孤獨的存在。自幼以來，我的內心中一直懷著一個難解之謎，雖然講出來好像是理所當然的事，但對我來說，依舊是個巨大的謎團——我們的生活明明和這麼多人產生交集，為何每個人在自己的大腦裡，卻都是孤伶伶的一個人？

我一直在思考這兩件事：一件是「我們生來就伴隨著孤獨」，另一件是「正因如此，我們不是應該更頻繁地和人面對面地談話嗎？」在我對這些事的不斷反芻之下，這本書便誕生了。

這樣一本沒有中心主旨、沒有明確答案，充滿著模稜兩可的書，能承蒙您的閱讀，是我莫大的榮幸。

＊倘若購買本書的您，因視覺障礙等緣故，而無法直接閱讀印刷字體，筆者可寄送本書的原文檔案給您。敬請透過電子郵件，直接向筆者來信索取：kisi@sociologbook.net。

岸政彥

出處一覽

- 緒論——未被分析的事物們
〈未被分析的事物們〉，《新潮》二〇一三年六月號（新潮社），加以改題並修正。
- 毫不隱藏，卻無人看見
〈搜集世界的片斷——社會學性的「反故事」論〉，《新潮》二〇一三年八月號（新潮社），加以改題並修正。
- 朝向普通的意志
《早稻田文學》二〇一四年冬季號（早稻田文學），加以修正。
- 慶典與躊躇
〈Review of the Previous Issue 慶典與內省——小川さやか與梁英姫作品中的「他者」〉，《at プラス》二十三號（太田出版），加以改題與加筆改稿。
- 掌中的按鈕／交出人生／扔掉時鐘，與狗約法三章／故事的殘篇，全新收錄。
- 其他篇章連載於「朝日出版社第二編輯部部落格」（二〇一三年十二月—二〇一四年十二月）。

聯經文庫

片斷人間：貓、酒店公關與乘夜行巴士私奔的女子，
關於孤獨與相遇的社會學

2021年3月初版 定價：新臺幣320元
2021年11月初版第二刷
有著作權・翻印必究
Printed in Taiwan.
著　者	岸　政　彥 Kishi Masahiko
譯　者	李　璦　祺
叢書編輯	林　月　先
特約編輯	黃　美　玉
校　對	馬　文　穎
內文排版	綠　貝　殼
封面設計	謝　佳　穎

出版者	聯經出版事業股份有限公司
地　址	新北市汐止區大同路一段369號1樓
叢書編輯電話	(02)86925588轉5388
台北聯經書房	台北市新生南路三段94號
電　話	(02)23620308
台中分公司	台中市北區崇德路一段198號
暨門市電話	(04)22312023
台中電子信箱	e-mail：linking2@ms42.hinet.net
郵政劃撥	帳戶第0100559-3號
郵撥電話	(02)23620308
印刷者	文聯彩色製版印刷有限公司
總經銷	聯合發行股份有限公司
發行所	新北市新店區寶橋路235巷6弄6號2樓
電　話	(02)29178022

副總編輯	陳　逸　華
總編輯	涂　豐　恩
總經理	陳　芝　宇
社　長	羅　國　俊
發行人	林　載　爵

行政院新聞局出版事業登記證局版臺業字第0130號

本書如有缺頁，破損，倒裝請寄回台北聯經書房更換。 ISBN 978-957-08-5712-2 (平裝)
聯經網址：www.linkingbooks.com.tw
電子信箱：linking@udngroup.com

断片的なものの社会学
Copyright © Kishi Masahiko 2015
Original Japanese edition published by ASAHI PRESS Co., Ltd.
Complex Chinese translation rights arranged with ASAHI PRESS Co., Ltd., Tokyo
through LEE's Literary Agency, Taiwan
Complex Chinese translation rights © 2021 by Linking Publishing Company

國家圖書館出版品預行編目資料

片斷人間：貓、酒店公關與乘夜行巴士私奔的女子，
關於孤獨與相遇的社會學/岸政彥著．李璦祺譯．初版．新北市．
聯經．2021年3月．264面．12.8×18.8公分（聯經文庫）
譯自：断片的なものの社会学
ISBN 978-957-08-5712-2（平裝）
[2021年11月初版第二刷]

1.社會學

540 110001784